EL
PODER
DEL
Esposo
QUE
Ora

STORMIE
OMARTIAN

Prefacio por MICHAEL OMARTIAN

Publicado por
Editorial Unilit
Miami, Fl. 33172
Derechos reservados

Primera edición 2002
© 2001 Stormie Omartian

Originalmente publicado en inglés con el título: *The Power of a Praying Husband* por
Harvest House Publishers
1075 Arrowsmith
Eugene, Oregon 97402, USA.

Las historias narradas en este libro son basadas en hechos reales, pero muchos de los
nombres han sido cambiados para proteger la identidad de los personajes.

Traducido al español por: Gabriel Prada
Citas bíblicas tomadas de la Santa Biblia, revisión 1960, © Sociedades Bíblicas Unidas.
Usada con permiso.

Producto 497620
ISBN 0-7899-1006-3
Impreso en los Estados Unidos de América
Printed in the United States of America

Dedico este libro a mi esposo Michael.
Aprecio y me he beneficiado en gran manera
de cada una de sus oraciones por mí, mucho
más de lo que mis palabras pueden expresar.

Contenido

Reconocimientos

Mis más expresivo agradecimiento:

❖   A los muchos esposos que oran fielmente y que me contaron el gozo que sienten al ver contestadas sus oraciones a favor de sus esposas. De manera muy especial al pastor Jack Hayford, obispo Kenneth C. Ulmer, obispo Eddie L. Long, Neil Anderson, James Robinson, Michael Harriton, Mike Goldstone, Rodney Johnson y Steven Curtis Chapman por las historias de oraciones contestadas que contribuyeron a este libro. Siento una alta estima por la clase de esposos, padres y hombres de Dios que son.

❖   A las centenares de esposas intercesoras que me dijeron cómo habían anhelado que sus esposos oraran por ellas.

❖   A Susan Martínez, mi secretaria, administradora, hermana y amiga, sin la cual me sería imposible cumplir con una sola de las fechas límites.

❖   A mi esposo Michael, por cocinar todas esas cenas maravillosas y rogarle a Dios que yo escuchara su voz mientras escribía este libro.

❖   A mi hija Amanda, por todas las cenas que cocinó, los mandados que hizo y las habitaciones que limpió para que yo pudiera dedicarle suficiente tiempo a esta obra.

❖   A mis compañeros de oración Susan Martínez, Roz Thompson, Katie Stewart, Donna Summer, Bruce Sudano, Michael y Terry Harriton y Tom y Patti Brussat; sin sus oraciones no hubiera sobrevivido este año, y mucho menos escrito este libro.

❖   A mi familia de Harvest House, especialmente Bob Hawkins Jr., Carolyn McCready, Julie McKinney, Teresa Evenson, Terry Glaspey, Betty Fletcher, La Rae Weikert, Barb Sherrill y Peggy Wright, por todas sus oraciones, correo electrónico, cartas, llamadas y apoyo.

Breves palabras de Michael

Hombres, aceptemos que cuando nos casamos, traemos al matrimonio muchos años de experiencia, hábitos, rasgos de personalidad, recuerdos, ideas preconcebidas y ambiciones personales. De pronto nos unimos a una compañera para toda la vida que también trae al matrimonio muchos años de experiencia, hábitos, rasgos de personalidad, recuerdos, ideas preconcebidas y ambiciones personales. Nos enfrentamos con la necesidad de comunicarnos, de transigir en ciertas cosas, someternos mutuamente y ser altruistas. Por cierto, una petición difícil de cumplir. Dios tiene un increíble sentido del humor o desea que continuamente estemos creciendo. Casi seguro son ambas cosas.

Dios desea que cada uno de nuestros matrimonios sea un medio para lograr la plenitud total, pero tenemos que vivir como un vivo ejemplo del amor de Cristo hacia nosotros. Es por esta razón que la comunicación de un hombre con su esposa depende de su nivel de comunicación con el Padre. Orar específicamente por nuestras esposas, es cosa poderosa. Dios siempre está escuchando. Él considera cada palabra. Sí, el Dios de toda la creación tiene su oído inclinado hacia nosotros, y en Él tenemos la oportunidad de desarmar las bombas que el enemigo planta y que están listas para destruir lo que Dios unió.

¿Hay cosas en nuestras esposas que quisiéramos ver cambiadas? Orar por esos cambios es invitar a Dios para lograr grandes cosas en nuestras vidas. Sin oración, el éxito del matrimonio depende de nuestra sabiduría y esfuerzo. Pero, ¡qué gran recurso para lograr el éxito nos espera cuando oramos! No solo veremos las respuestas a las oraciones por nuestras esposas sino que también ocurrirán cosas dentro de nosotros.

Durante mi matrimonio con Stormie he sido testigo de respuestas milagrosas a la oración, desde ver quebrarse su esclavitud al averiado pasado y recuperar la vida en una sala de emergencia, hasta verla florecer en su ministerio como autora. Mientras más entiendo cómo mi esposa se beneficia directamente de mis oraciones a su favor, más entiendo cómo Dios usa tales oraciones para edificar mi fe y cómo me cambia y me bendice durante el proceso.

Es en esta confianza, la confianza de que Dios contesta las oraciones de un esposo a favor de su esposa, que te recomiendo este libro. Y estoy seguro de que lo vas a disfrutar, porque estuve orando por mi esposa mientras lo escribía.

Michael Omartian

El que halla esposa halla el bien,
y alcanza la benevolencia de Jehová.
Proverbios 18:22

EL
PODER

Gracias, caballero, por leer este libro. Estoy segura de que nadie te está apuntando con una pistola a la cabeza para que lo leas, pero si así fuera, dile a tu esposa que deje de apuntarte porque estás decidido a seguir leyéndolo.

De ninguna manera quiero ser presuntuosa, pero creo que tal vez encajes en una de las siguientes características. Veamos si alguna de estas te describe:

1. Encontraste este libro milagrosamente colocado en el asiento de tu silla favorita, en el piso junto al inodoro, en la cama sobre tu almohada, dentro de tu maletín o en la bolsa donde llevas el almuerzo o en tu caja de herramientas, en el asiento delantero del auto que manejas para ir al trabajo, o encima de tu escritorio, mesa de trabajo o control remoto del televisor.

2. Tu esposa, quien es una mujer de oración, te compró este libro para que nunca más vuelvas a sentirte culpable al no orar por ella lo suficiente.

3. Compraste tú mismo el libro, porque deseas orar por tu esposa eficazmente, pero no sabías cómo comenzar.

4. Estuviste anhelando que ocurrieran cambios duraderos y significativos en tu esposa, en ti mismo y en tu matrimonio, y deseas que este libro te ayude a lograrlo.

5. Eres un esposo bondadoso, que se preocupa e intercede a favor de su esposa, y tu deseo es continuar aprendiendo nuevos y efectivos métodos sobre cómo bendecir a tu esposa.

6. Un amigo te recomendó este libro, y aunque albergas cierto escepticismo, estás dispuesto a intentarlo para ver qué resulta de todo esto.

7. Tu vida está amenazada y leer este libro te pareció un precio pequeño a pagar con tal de preservarla.

Cualquiera que sea tu caso, te felicito y te elogio. Eres un gigante entre los hombres. Y a ti te digo que todo esfuerzo de tu parte por leer este libro valdrá la pena, no malgastarás tu tiempo y en tu futuro hallarás grandes recompensas.

¿Por qué ella y no él?

Quizás te estés preguntando en este mismo momento: *¿Por qué no es el esposo de Stormie quien escribe este libro?* La respuesta es muy sencilla. Él es igual que tú. Es un hombre muy ocupado, con lugares a donde ir, personas que ver, trabajo por desempeñar, una familia que mantener, alimentos que consumir, una vida por vivir, partidos de golf por jugar, partidos por ver, canales de televisión por explorar y falta de paciencia crónica cuando de escribir se trata. No es que no ore. Él sí ora. Pero lo cierto es que cuando lo hace, es un hombre de muy pocas palabras. (Precisamente lo opuesto a la manera en que se comporta cuando el equipo de béisbol *Los Cachorros de Chicago* está perdiendo un partido.) De hecho, siempre ha tenido una respuesta bastante franca cuando la gente le pregunta: «¿Por qué no escribes un libro que se titule *El poder del esposo que ora?*»

«De hacerlo», responde él sin darle mayor importancia al asunto, «sería un folleto en vez de un libro».

A espacio doble.

Y con muchas fotos.

Lo del folleto no me molesta en lo absoluto. La brevedad no es el asunto primordial, siempre que yo sepa que está orando. Lo cierto es que las oraciones de un esposo a favor de su esposa no tienen que ser largas ni con lujo de detalles. Las oraciones breves y al punto también son potentes. Y esto es así porque en el ámbito de lo espiritual, Dios le otorgó al hombre un nivel de autoridad que es inigualable. Sin embargo, si sus oraciones se contestan o no, depende de cómo maneja tal autoridad. (En el próximo capítulo leerás algo más sobre este tema.)

Luego del éxito de mi libro *El poder de la esposa que ora,* se me presentó la oportunidad de viajar por todo el país para hablar a miles de mujeres e individualmente dialogar, en cada ciudad que visité, con cientos de ellas. Escuché el profundo deseo que cada una tiene por llegar a gozar de una mejor relación con su esposo, y ver que su matrimonio tenga éxito y llegue a convertirse en fuente de gozo y plenitud para todos los involucrados. Lo que más me estimuló fue saber las grandes respuestas a las oraciones que estas esposas experimentaron cuando aprendieron a orar por sus esposos de la manera que Dios quería que lo hicieran.

Por carta y en persona, estas mujeres me pidieron en innumerables ocasiones que escribiera *El poder del esposo que ora.* No le presté mucha importancia a esta petición hasta que los hombres comenzaron a expresar similares peticiones.

«¿Cuándo va a escribir *El poder del esposo que ora?*», me preguntaron muchos esposos.

«Si lo escribo, ¿realmente lo leerías?», les preguntaba siempre como respuesta a esta interrogación.

«¡Por supuesto que sí!», era la firme respuesta de cada uno de ellos. «Quiero orar por mi esposa, pero no sé cómo hacerlo».

Me sorprendió que las respuestas fueran siempre iguales, y la honestidad y sinceridad de sus palabras me conmovieron profundamente.

Cuando le conté a Michael, mi esposo, las repetidas peticiones que me hacían tantos esposos, así como sus esposas quienes ya eran mujeres de oración, de inmediato sugirió, si tan siquiera despegar los ojos del televisor, que yo debía escribir el libro.

«¿No crees que tal vez *tú* debieras escribir el libro?», le pregunté. Sus ojos perdieron el brillo y me dio la misma mirada que siempre veo en su rostro cada vez que le pregunto si desea ir de compras conmigo.

«No, tú eres la escritora. Yo soy el músico», me dijo de modo terminante, empleando pocas palabras como es su costumbre al tratarse de un tema del que no desea hablar, especialmente si está viendo un partido de pelota en el televisor.

«CORRE, CORRE, CORRE, CORRE, CORRE», gritó mientras de un solo salto se paraba del sofá.

Estaba a punto de salir de la habitación para comenzar a escribir de inmediato, cuando me percaté de que no me estaba gritando a mí, sino a uno de los jugadores del equipo de béisbol que llegó corriendo a la primera base.

«¿Y qué te parece si entonces escribes el prefacio?», continué insistiendo cuando volvió a sentarse.

«¡Sí, por supuesto», respondió mientras permanecía pegado a la pantalla.

«¡ESPERA, NO, NO, NO! ¡IDIOTA!»

No estaba segura de cómo debía responder.

Luego, virándose hacia mí, dijo: «¡Ese árbitro es un estúpido! ¡El tipo estaba quieto en primera base!»

Sentí un gran alivio al reconocer que el análisis respecto al carácter no era un comentario sobre *mí*, así que decidí proseguir con el diálogo.

«En tal caso», continué diciendo, «¿me podrías dar una lista de todas las veces que recuerdas haber orado por mí, y de la respuesta de Dios a tus oraciones?»

«Ahora mismo no», dijo en tono de protesta. «Lo haré entre la séptima y la octava entrada del partido».

«Quise decir durante los próximos *meses*», le expliqué con lentitud.

«¡SÍ! ¡SÍ! ¡ESTÁ BIEN! ¡ESTÁ BIEN!» Gritó a todo pulmón, y entonces mirándome me preguntó: «¿Dijiste algo querida?»

«Sí. ¿Orarías por mí mientras me dedico a escribir el libro?»

«Ahora no. Pero lo haré entre la séptima y la octava entrada».

«Quiero decir a través del año».

«A-ajá».

«¿Ese a-ajá es uno en el que puedo confiar?

«A-ajá», respondió él.

Así que con esta entusiasta aprobación de mi esposo y el estímulo que recibí de muchos esposos y esposas, fui elegida por unanimidad a traerles este libro. Este voto de confianza no es algo que tomo a la ligera. Y aunque mi esposo rehusó escribir el libro, sí me dijo que estaba más que dispuesto a escribir la instrumentación si llegara a convertirse en una obra musical.

Otra buena razón para leer este libro

Cuando le pregunté al Señor si en realidad debía ser yo quien escribiera o no este libro, recibí una impresión muy interesante. Creo que una de las razones principales por las cuales el Señor quiere que *yo* lo escriba es que estoy sugiriendo ciertas formas para orar por tu esposa que pudieran percibirse como egoístas de ser un hombre quien las escribiera. Pero los estoy invitando a orar de estas manera porque sé que esto va a producir la mayor de las bendiciones para tu esposa y para ti también.

Además, al pensar en todos los esposos que me pidieron que escribiera este libro, comencé a comprender que si hiciera una encuesta como las que hacen durante las campañas políticas, podría suponer que los hombres con quienes tuve la oportunidad de dialogar formaban una buena representación de *todos* los hombres. Esto significa que mi encuesta refleja lo que *piensas* respecto al tema. Por lo tanto, estoy segura que al igual que yo, puedes ver que ¡EN REALIDAD ESTE LIBRO ES IDEA TUYA!

Así éramos

Durante la primera mitad de los 28 años que Michael y yo hemos estado casados, experimentamos grandes disensiones y miseria, porque intentamos hacer las cosas en la carne y no en el espíritu. Ambos deseábamos que el otro fuese de algún modo diferente, y procuramos *lograrlo* por nuestra cuenta en vez de confiar en el poder de Dios para ver el cumplimiento de tales cambios. Los métodos que usamos para que ciertas cosas ocurriesen por la fuerza, produjeron resultados menos que satisfactorios. Michael usaba la ira como un arma para controlar nuestras vidas, y yo reaccionaba emprendiendo una retirada mental y emocional.

Por supuesto, yo siempre tenía a la mano mi oración favorita de dos palabras que elevaba ante esta situación. Ya sabes cuál es. Es esa oración que dice: «¡Cámbialo, Señor!» Pero Dios nunca contestó esa oración. Ni una sola vez. Entonces, durante un momento crítico entre ambos, cuando ya no podía tolerar más esa situación, clamé al Señor desesperadamente rogando su ayuda. Y Dios me mostró en el corazón que si yo estaba dispuesta a verter mi vida en oración por Michael, Él me usaría para ayudarlo a convertirse en el hombre para lo cual Dios lo creó. Sin embargo, para hacerlo yo tenía que permitir que Dios me diera un nuevo corazón y que comenzara a ver a Michael desde la perspectiva divina. Cuando estuve de acuerdo con esto y aprendí a orar por Michael de la manera que Dios me estaba mostrando, comencé a entender la raíz de su ira mal dirigida.

A Michael lo crió una madre que era déspota, dominante y demasiado estricta con él. Sus expectativas estaban muy por encima de las habilidades, inclinaciones, dones e incluso del llamado de Dios para la vida de Michael. Ella deseaba tener un estudiante de sobresalientes. Él padecía de dislexia no diagnosticada. Ella deseaba un médico. Él era músico. Ella deseaba éxito. Él batalló mucho con sus estudios. Ella no entendía su problema. Él tampoco lo entendía.

Si era justo o no, había una buena explicación para justificar esta actitud hacia él. La familia de la madre vivía en Armenia, donde el brutalmente opresivo ejército turco asesinó a la mayoría de ellos. Obligaron a la abuela de Michael a observar cómo torturaban y asesinaban a sus hijos, una situación tan horrenda que ni siquiera me atrevería a describirles los detalles. Después de matar a toda la familia, la abuela de Michael escapó a los Estados Unidos y a su tiempo comenzó una nueva familia, de la cual nació la mamá de Michael.

Los aterradores recuerdos de los sucedido, además de los peligros y consecuencias de ser pobre, sin educación y pertenecer a un grupo minoritario en un país hostil, marcaron para siempre el corazón de la abuela de Michael, y a la larga también el de su madre. Consideraron que era crucial estudiar con diligencia y trabajar arduamente para asegurarse de que una devastación de ese tipo nunca les volviera a ocurrir. Y como resultado, cualquier miembro de la familia que no prosperara se consideraba como una vergüenza. Ser músico era aún peor, ya que no se consideraba ser un empleo verdadero con un futuro verdadero.

Las luchas que enfrentaron durante la época de la Gran Depresión solo sirvieron para añadirle más temores a la madre de Michael. Durante los próximos años de su crianza, ella le hablaba en términos de «supervivencia», «seguridad», «diligencia», «logros» y «excelencia». No entendía palabras tales como «incapacidad de aprendizaje», «temperamento artístico», «don musical», o «llamado único de Dios». Pensaba que él se hacía el difícil y poco cooperativo. Pero él solo era quien era, aunque a la vez luchaba con la creencia de que no era suficiente.

Sé que todo esto es cierto porque la mamá de Michael me lo contó. En los meses previos a nuestra boda, desarrollamos una relación muy íntima y yo la adoraba. Durante ese breve tiempo, antes de que el cáncer reclamara su vida en menos de un año, ella se convirtió en la madre que nunca tuve. Su lucha por sobrevivir cambió dramáticamente su perspectiva. Eso también lo compartió conmigo.

«Fui muy dura con él», me dijo un día poco después que Michael y yo nos casamos. «Ahora comprendo los errores que cometí. Enfrentar la muerte nos hace reconocer lo que es verdaderamente importante. Creo que Michael sufre de ira y depresión por la manera en que lo traté».

«En aquellos tiempos nadie entendía esas cosas», le dije tratando de consolarla. «Solo hiciste lo que creíste era lo mejor».

«No, lo presioné demasiado. Lo critiqué en exceso. Esperaba mucho de él», respondió ella, y procedió a relatarme la misma historia que Michael me contó antes de nuestra boda.

Debido a la crianza de Michael, bajo la presión de llegar a ser lo que su madre esperaba de él, siempre estuvo dolorosamente consciente de su incapacidad para suplir tales expectativas. Y como resultado, a los diecinueve años de edad sufrió una crisis nerviosa. Durante las horas del día asistía a la universidad jornada completa, lo cual era suficiente presión para alguien que padece de dislexia, pero además de esto, trabajaba como músico en clubes nocturnos, también a jornada completa. Tal presión fue demasiado para él. Su madre lo llevó al médico de cabecera, quien decidió recluirlo en un hospital de cuidados mentales porque estaba cerca de la consulta del médico y cerca de la casa. El médico pensó que este era un buen lugar para que Michael descansara y los médicos lo atendieran por agotamiento nervioso.

«Recluirlo en un hospital de esta categoría fue un grave error», me dijo su madre con lágrimas en los ojos. «Él no tenía ningún padecimiento que requiriese ese tipo de institución, y a pesar de todo lo encerramos en un lugar donde observó las horrorosas acciones de aquellos que sí lo necesitaban. Esa experiencia sirvió para perjudicarlo más que para ayudarlo.

La noche antes que Michael ingresara al hospital, su primo le presentó a Cristo como su Salvador, y él lo aceptó. Pero todavía tenía muy poca comprensión espiritual, aunque fuera un creyente. Y como resultado, su experiencia en el hospital fue muy pavorosa. Pensó que quizás padecía de algo más grave de lo que le habían dicho. Por consecuencia, varias semanas después de *salir* del hospital, lo que Michael sentía era temor. El peor de los temores era si tendría que ingresar de nuevo en un hospital de cuidados mentales. Hasta después de quince años de matrimonio, cuando se sentía extremadamente cansado y bajo intensa presión, experimentaba ansiedad y depresión a causa del mismo asunto.

«Más tarde hasta el médico se disculpó conmigo», dijo tristemente su madre. «Me dijo que había sido un error ingresar a Michael en el manicomio. Yo sé que él tenía razón, porque desde ese momento Michael comenzó a padecer de depresión y ansiedad».

Todo lo que su madre me contó, sirvió para entender la raíz de la ira de Michael. Y hasta me ayudó a comprender la razón por la cual me dirigía la ira y el resentimiento que sentía por su madre. Él estaba enojado con ella, y yo era culpable por asociación. Pero a causa de mi pasado, tampoco yo tenía la capacidad de tolerar debidamente esa situación.

A mí me crió una madre abusiva que padecía de enfermedades mentales, y durante gran parte de mi niñez me encerró en un ropero. Por consecuencia, padecía de temores, depresión, desesperanza y ansiedad, incluso siendo adulta.

Crecí sintiéndome como una fracasada, porque constantemente mi madre me repetía que yo lo sería. Su rechazo me hizo reaccionar de manera supersensible a cualquier aparente rechazo de Michael. Debido a las inseguridades que traje al matrimonio, sus fuertes palabras me hundían en la tristeza y reaccionaba alejándome de él. Lo consideraba como alguien a quien no le podía confiar mi corazón, porque nunca sabía cuándo lo iba a herir con el puñal de la crítica o el juicio.

Cuando el dolor se hizo intolerable en mi matrimonio, consideré la separación y hasta el divorcio. Fue entonces cuando Dios me dijo que si rendía mi deseo de escapar y me sometía a su deseo de convertirme en una intercesora a favor de Michael, entonces Él me usaría como instrumento de liberación para él. Si podía orar por él tal y como Dios me instruyó, lo cual requirió un cambio de actitud de mi parte, entonces Dios contestaría mis oraciones. Lo que aprendí en los años subsiguientes se convirtió en la base para mi libro titulado *El poder de la esposa que ora*.

Aunque mi deseo era cumplir el deseo de Dios, le pregunté: «¿Por qué debo ser *yo* la única que debe cambiar? ¿Acaso Michael no tiene que cambiar también?»

Pero Dios habló a mi corazón diciéndome: «No es asunto de quién *necesita* o no cambiar, es asunto de quién está *dispuesto* a cambiar. Si estás dispuesta a cambiar, yo puedo obrar a través de ti ahora mismo».

No sé si yo estaba plenamente dispuesta a cambiar, pero sí *estaba* dispuesta a hacer lo que Dios deseaba de mí. Y entonces dije «sí» a lo que Él me estaba pidiendo. Y desde ese mismo momento comencé a orar por Michael con un corazón recto y en la manera en que Dios me guiaba, y comencé a ver cambios en él. Manifestó cada vez menos enojo. Comenzó a adquirir una perspectiva de su pasado diferente a la que previamente había tenido.

«Creo que si mi padre nos hubiera cubierto espiritualmente como debió haberlo hecho, las cosas hubiesen sido completamente diferentes para toda nuestra familia», me dijo Michael un día. «Mi padre era fiel como padre y esposo y suplía las necesidades financieras de la familia, pero no tuvo mucha ingerencia en mi vida. Sabía que me quería, él no era un ogro ni nada por el estilo; pero era muy pasivo. Nunca se interesó activamente en mi persona. Durante muchos años me faltó la capacidad para ver la situación desde la perspectiva de mi madre, pero ahora siento más compasión por ella. Se las tuvo que arreglar sola. Llevó sobre sus hombros casi todo el peso de la familia. Él no la cubrió espiritualmente. En mi hogar no había equilibrio. A los 44 años de edad le diagnosticaron cáncer y murió al cumplir los 50, y en parte creo que fue eso lo que terminó por matarla».

Comprender esto ha sido fundamental para ayudar a Michael a reconocer la importancia de orar por su familia. Esto lo motivó a orar por mí. Y sé que muchos de los éxitos que he logrado en mi vida se lo debo a sus oraciones.

El poder y la autoridad

El poder de un esposo que ora no es un medio para tomar control sobre la esposa. De todas maneras sabemos que en realidad eso nunca sucede. Y esto es porque Dios no desea que estemos controlando a otras personas. Desea que lo dejemos a Él controlarnos a nosotros. Cuando nos humillamos ante Dios y le permitimos controlarnos, entonces Él puede obrar a través de nosotros. Dios desea obrar a través de ti como instrumento de su poder, mientras intercedes por tu esposa.

El poder que radica en tu oración es de Dios. Cuando oras por tu esposa, estás invitando a Dios a ejercer su poder en la vida de ella. Tus oraciones hacen posible que ella escuche mejor la voz de Dios y responda a su dirección. Sin embargo, Dios nunca irá por

El poder

encima de la firme voluntad de un individuo. Si una persona se propone vivir fuera de la voluntad de Dios, Él se lo permitirá. Así que, aunque tus oraciones tienen el potencial de ser poderosas en la vida de tu esposa, existe una limitación en cuanto a lo que puedan lograr si la voluntad de *ella*, o *tu* voluntad, se oponen a la voluntad de *Dios*. «Y esta es la confianza que tenemos en él, que si pedimos alguna cosa conforme a su voluntad, él nos oye» (1 Juan 5:14).

Dios desea que oremos por todas las cosas, pero desea que oremos de acuerdo con su voluntad. Por eso es tan importante que le pidas a Dios que te revele su voluntad, y que te ayude a orar de acuerdo con la misma. Una vez que comprendas cómo Dios quiere que ores, será mucho más fácil orar con fervor y persistencia. De la misma manera que no podemos forzar a nuestros cónyuges a hacer lo que queremos, tampoco podemos forzar a Dios a hacer lo que queremos. Lo que se cumplirá será su voluntad, y no la nuestra.

Tu autoridad espiritual respecto a tu esposa y familia es sin rival. Y debido a que la misma procede de Dios, se debe usar de acuerdo con propósito de Dios. Lo que debe motivar nuestra autoridad es su amor y debe servir para su gloria. Toda la autoridad espiritual que Dios nos otorgó tiene como fundamento una humildad que desea servir a Dios en vez de controlar a los demás.

Dios desea que lo sirvas ejerciendo tu autoridad sobre el enemigo. Se nos otorgó la autoridad sobre «toda fuerza del enemigo» (Lucas 10:19) y puedes destruir todos sus planes a favor de tu esposa. Si ves que de alguna manera el enemigo se acerca cautelosamente a tu matrimonio, ponte en pie y audazmente declara:

«No permitiré que ningún plan del enemigo prevalezca en contra de nuestro matrimonio».

«No permitiré que el enemigo nos divida».

«No permaneceré tranquilo viendo cómo las mentiras del enemigo engañan a mi esposa».

«No permitiré que el enemigo ataque de ninguna manera a mi esposa».

«No permitiré que la falta de comunicación reine en nuestro matrimonio».

«No permitiré que los errores de nuestro pasado, aun los de ayer, controlen nuestro futuro».

Entonces ora, ora ora. Porque cuando oras, ningún arma forjada en contra de ella prosperará (Isaías 54:17).

No dejes tu matrimonio a la suerte

¿Recuerdas el pasaje que leíste al comienzo del libro? Dice que ya Dios te otorgó benevolencia sencillamente porque tienes una esposa (Proverbios 18:22). Existen ciertas bendiciones que Dios tiene para ti solo por estar casado. Esto es así porque Dios declaró que ante Él, ustedes dos serán uno (Mateo 19:4-6). Esto significa que cualquier cosa que le suceda a uno de ustedes le afectará al otro. Si ella es feliz, tú eres feliz. Si tú eres bendecido, ella será bendecida. Y por supuesto, lo contrario también es cierto. Si ella no está contenta, definitivamente tú tampoco lo estarás. Sus problemas son tus problemas, así como los tuyos son los de ella. Por eso es que *tus* oraciones por ella son tan cruciales. Afectarán a ambos.

Dejas a merced de la suerte todo por lo cual no ores en tu vida. Y cuando de tu matrimonio se trata, eso no es nada bueno.

En el matrimonio, el problema con dejar las cosas a merced de la suerte es que hay probabilidades de que vengan tiempos difíciles. Hay probabilidades de que hayan desacuerdos. Hay probabilidades de que habrá malentendidos y heridas. Hay probabilidades de que haya egoísmo y dureza de corazón. Y es así, porque después de todo, somos seres humanos. Pero si dejamos que el resultado de estas cosas esté a merced de la suerte, enfrentaremos grandes problemas en el futuro. Sin embargo, la oración puede cambiar cada una de estas cosas.

Si las ocupaciones, el exceso de trabajo, la falta de perdón, las disensiones, la crianza de los hijos, sus carreras, intereses diferentes, el aburrimiento o la falta de comunicación se han inmiscuido entre tú y tu esposa, Dios puede obrar a través de tus oraciones para derrumbar la pared que los separa, derretir la coraza que pusiste como autoprotección y moldearlos juntos en unidad. La oración te dará una visión llena de esperanza sobre cómo Dios puede redimir, restaurar y corregir todas las cosas. Orar a favor de tu esposa no solo ablandará su corazón, sino que también ablandará el tuyo.

Nunca tendrás que caer en un estado de mortandad marital. No hay razón para que la miseria y el divorcio tengan que volver a ser tus únicas dos opciones. No importa lo que haya sucedido entre ustedes, Dios puede arreglarlo. Él es el Dios de toda salud y plena restauración. Él está de tu lado. Él te otorgó el poder y la autoridad. Úsalos bien.

Cómo amar verdaderamente a tu esposa

Jesús dijo que la mayor expresión de amor es poner tu vida por otro (Juan 15:13). Existen muchas maneras de poner tu vida a favor de tu esposa, sin tener que morir físicamente. Una manera de hacerlo es dar tu vida en oración por ella. Esto implica sacrificar un espacio de tiempo relativamente pequeño por el mayor bienestar de ella, que al final es también el tuyo.

Son muchas las cosas que una mujer desea escuchar de su esposo. Tres de las cuatro principales son probablemente: «Te amo», «Te ves muy hermosa», y «Todas las cuentas están pagadas». Pero conozco algo que toda mujer anhela escuchar, y es lo que la hará sentirse más amada que ninguna otra cosa, y es: «Hoy estuve orando por ti».

Cada vez que una esposa escucha que su esposo está orando por ella, se siente amada y protegida. Esto la hacer sentir que es importante para él. Si deseas ver a Dios ablandar el corazón de tu esposa, o arreglar las cosas entre ustedes dos, o enriquecer su vida como pareja, o hacer que su matrimonio funcione sin mayores escollos, ora por ella. Si deseas que tu esposa caiga rendida a tus pies, pregúntale: «¿Cómo quieres que ore hoy por ti?» (No me hagan quedar mal, señoras, sé que ustedes también están leyendo esto.) Está bien, tal vez exageré un poquito. Pero ella te amará por eso. Tales palabras expresan tu compromiso hacia ella y el matrimonio.

Por supuesto, si le dices que estás orando por ella y en realidad no lo estás haciendo, yo, en tu lugar, no saldría a caminar en medio de una tormenta de relámpagos.

¿Y si ella no es creyente?

La mayoría de las mujeres están conscientes de su aspecto espiritual, hasta las que nunca profesaron afiliación alguna con una religión organizada o sistema de creencias. Tienen la comprensión de que existe un camino de vida que sí funciona, y que está ligado a lo espiritual.

La oración toca el corazón de todo aquel por quien oramos. Aunque tu esposa no conozca al Señor, puedes orar por ella todas las oraciones que aparecen en este libro y esperar ver respuesta a ellas. La Biblia dice que la esposa incrédula se santifica en el esposo (1 Corintios 7:14). Tú, brinda una cobertura sobre ella. Por supuesto, esto no sustituye el que ella conozca al Señor, pero significa que tus oraciones tendrán un efecto positivo y poderoso sobre su vida. Solo recuerda, cada vez que ores por ella, pídele a Dios que abra su corazón a la verdad de su Palabra y le permita tener un encuentro con Él que cambie su vida para siempre.

Lo que cada capítulo contiene

Cada uno de los veinte capítulos en este libro se concentra en un área de la oración, y de una forma que espero te ilumine, estimule y motive. Te diré lo que he aprendido de la experiencia y lo que Dios me ha enseñado. Al final de cada capítulo encontrarás las cuatro secciones siguientes:

1. Ella dice

    Este es el resultado de una encuesta personal que hice entre cientos de mujeres en los Estados Unidos. Les pregunté cómo querían que sus esposos oraran por ellas. ¡Lo asombroso es que los resultados fueron los mismos en cada ciudad y estado de la nación que visité!

2. Él dice

Esto es lo que una cantidad de esposos dijeron acerca de cómo oran por sus esposas y las respuestas que obtuvieron a sus oraciones. Me sentí animada, entretenida, emocionada e iluminada por sus palabras, y sé que tú también lo estarás.

3. Poder en la oración

Esta es una sugerencia de oración relacionada con el tema del capítulo. La puedes usar tal y como aparece, o puedes incluir cualquier asunto personal que desees añadir. Está allí como una guía para ayudarte.

4. Herramientas de poder

Esta página contiene versículos tomados de la Biblia que apoyan un aspecto de la oración y que al profundizar en ellos, te ayudarán a orar. Puedes expresarlos en voz alta como una declaración de victoria sobre tu situación en particular o puedes mencionarlos como una oración a favor de tu esposa.

Una oración a la vez

No te sientas abrumado por las muchas formas que existen de orar a favor de tu esposa. Simplemente enfrenta un día a la vez, y eleva una oración a la vez. Puedes orar haciendo uso de un capítulo diferente por día, o puedes concentrarte en orar uno cada semana. No estoy diciendo cuánto debes orar, pero la Biblia dice que «el que siembra escasamente, también segará escasamente; y el que siembra generosamente, generosamente también segará» (2 Corintios 9:6). Mientras más oras, mayores beneficios segarás. Si deseas crear espacio para que Dios produzca grandes y rápidos cambios en tu esposa, en tu persona y en tu matrimonio, procura entonces orar uno de estos capítulos cada día durante varias semanas. Y veamos si algo bueno no comienza a suceder en tu corazón y en el de ella.

En ocasiones me preguntan: «¿Realmente funciona orar las oraciones que otra persona escribió? Para orar sinceramente, ¿no debe uno crear sus propias oraciones?» Mi respuesta es esta: «¿Realmente funciona cantar cánticos de alabanza que otros escribieron?» Creo que sí. Es bueno crear tu propio cántico de alabanza, y Dios se deleita en ello, pero lo importante es que lo que estés orando o cantando repercuta en lo profundo de tu corazón. ¿Elevarías una oración si fuiste *tú* quien la pensó? ¿Crees que es una oración que Dios puede contestar? Si la respuesta a cualquiera de estas dos preguntas es afirmativa, entonces tal oración tiene poder. No importa quién la pensó primero.

A menudo, cuando oramos por nuestro cónyuge, oramos por las necesidades más urgentes, lo cual es correcto, pero descuidamos las «oraciones de mantenimiento». Si tienes un cónyuge que requiere un alto nivel de mantenimiento, no querrás concentrarte solo en lo urgente. Tales oraciones dispersan el problema antes que suceda. Apagan pequeños fuegos antes de convertirse en rugientes llamas. La mayoría de las oraciones en este libro son oraciones de mantenimiento. Si oras cada una de ellas a favor de tu esposa, varias veces al año, mantendrás un matrimonio saludable y disfrutarás de una esposa feliz y satisfecha. Estas oraciones te recordarán orar de maneras en las que tal vez no hayas tenido el tiempo de pensar.

Ya sea que ores las oraciones que yo sugiero, o que ores las tuyas, lo cierto es que debes mantenerte orando sin rendirte. A veces las respuestas a tus oraciones son rápidas, pero muchas no lo son. Jesús se refirió a «la necesidad de orar siempre, y no desmayar» (Lucas 18:1). Continúa orando y *verás* como Dios responde. Y no te preocupes pensando cómo se manifestarán las respuestas. Tú no tienes que hacerlas realidad. *Tu* trabajo es orar. La respuesta es asunto de *Dios*. Confía en que Él hará el trabajo correspondiente.

Capítulo Uno

SU ESPOSO

En cierta ocasión estuve observando un partido de fútbol americano en el que estaba perdiendo el equipo de casa y faltaban menos de quince segundos para concluir el juego. El equipo necesitaba anotar un «gol» para ganar, pero todo parecía estar en su contra. El partido estaba a punto de concluir, y el equipo contrario y sus fanáticos ya habían comenzado a celebrar. Algunas personas ya estaban saliendo del estadio, pero el equipo perdedor y su entrenador no se rindieron ni su moral desfalleció. Por el contrario, pusieron en acción una jugada poco probable y a través de una sorprendente secuencia de sucesos, el equipo de casa anotó un «gol» en los últimos segundos del partido. Fue algo tan asombroso, que los informes noticiosos hablaron de él como un milagro.

Tu matrimonio es como un partido de fútbol. Tú y tu esposa son un equipo. Y ella desea tener la seguridad de saber que cuando las cosas no andan bien y llegó el momento decisivo, aunque el enemigo ya esté celebrando tu derrota y todo parezca estar perdido, tú tienes fe y crees que las cosas pueden cambiar incluso en el último segundo. Ella necesita tener la seguridad de que en tu bolsillo tienes escondida una jugada que puede llevarlos hasta el otro lado del campo con el balón para obtener un gol ganador. Ella desea que confíes en que nada es imposible con Dios, y que debido a esta realidad nunca dejarás de esperar que suceda lo imposible.

Cuando tu esposa sabe que estás orando, se siente plenamente confiada de todas estas cosas.

En mi encuesta, el ochenta y cinco por ciento de las esposas expresaron que la oración más importante que un esposo puede hacer, es que él llegue a convertirse en la clase de hombre, esposo, y cabeza del hogar que Dios desea que sea. Este es el lugar más importante para que un hombre comience a orar.

«Para que vuestras oraciones no tengan estorbo»

Lo bueno respecto a la oración —o el problema con la oración, dependiendo de tu perspectiva— es que para hacerlo tenemos que acudir a Dios. Esto significa que no podemos andar con engaños. Significa que el Señor va a revelar todos los pensamientos negativos, las malas actitudes, la dureza del corazón o los motivos egoístas. La oración ferviente y honesta siempre trae a la luz los sentimientos más profundos de nuestro corazón. Y esto puede ser bastante incómodo e incluso una experiencia miserable.

Si algo he aprendido de la oración es que si en nuestro corazón estamos albergando falta de perdón, amargura, egoísmo, orgullo, ira, irritabilidad o resentimiento, nuestras oraciones no serán contestadas. «Si en mi corazón hubiese yo mirado a la iniquidad, el Señor no me habría escuchado» (Salmo 66:18). Cuando oramos, en nuestro corazón debe haber rectitud. Todos nosotros, hombres y mujeres por igual, ponemos en peligro las oraciones cuando no oramos con rectitud de corazón.

Al orar, la condición de nuestro corazón tiene más efecto sobre el resultado de la respuesta a dicha oración, que el contenido mismo de la oración. Es por esta razón, que cuando nos acercamos a Dios en oración, Él nos pide que primero confesemos todo lo indebido que haya en nuestros corazones. Y lo hace así para que nada nos separe de Él.

La Biblia dice: «Vosotros, maridos, igualmente, vivid con ellas *sabiamente*, dando *honor* a la mujer como a vaso más frágil, y como a *coherederas* de la gracia de la vida, para que vuestras *oraciones no tengan estorbo*» (1 Pedro 3:7).

Vivir sabiamente con tu esposa significa en parte, reconocer que ella necesita tu cobertura, tu protección y tu amor. Y porque ambos son *coherederos de la gracia* de Dios, necesitas honrarla en tus pensamientos, palabras y acciones. Cuando no lo haces, tus oraciones *hayan estorbo*. Esto significa *todas* tus oraciones, y no solo las que elevas a favor de tu esposa. Muchos hombres no reciben respuesta a sus oraciones porque no aprendieron este paso tan vital. Una de las mejores maneras de honrar a tu esposa es orar por ella con un corazón limpio delante de Dios.

Pídele a Dios que te muestre todo lo que necesitas ver sobre la verdadera condición de tu corazón. Quizás tengas un matrimonio perfecto y seas sublimemente feliz, y aun así tengas una actitud hacia tu esposa que esté muy por debajo de lo que Dios desea. Cualquier cosa que Él te revele, confiésalo ante su presencia. Cuando confesamos ante el Señor todas las actitudes imperfectas que hay en nuestra vida, Él nos ayuda a vencerlas. Encontrarás que el aspecto más difícil de ser un esposo intercesor no será el tiempo que emplees orando por tu esposa, sino orar con un corazón recto ante Dios. Por eso es que para orar adecuadamente por tu esposa, primero debes comenzar orando por ti mismo.

No te preocupes, Dios enseñó este mismo principio a las esposas de oración. Muchas mujeres me confesaron que cuando llegaron a este punto en la lectura del capítulo, tiraron el libro al otro lado de la habitación y dijeron: «¡Olvídalo! ¡De eso... nada!» Por supuesto, el Espíritu Santo no les iba a permitir continuar con una actitud como esa durante mucho tiempo, y finalmente volvieron a recoger el libro para continuar la lectura. Así que, si quieres arrojar este libro al otro lado de la habitación y decir también: «¡Olvídalo! ¡De eso... nada!» este sería un buen momento para hacerlo. Estoy segura de que muy pronto lo volverás a recoger, ya que te vas a cansar de no tener respuestas a tus oraciones.

Se requieren dos para hacer uno

Cuando Dios creó a Adán, a pesar de toda la grandeza que en él había, Dios estaba consciente de que necesitaba una compañera, una ayudante que se acoplara a él, que fuera un complemento para él y que lo completara (Génesis 2:18). Así que creó a Eva. A pesar de toda la grandeza que en ti hay, querido hermano, Dios creó a tu esposa para que sea tu complemento perfecto y te complete. Tú haces lo mismo por ella.

Dios dice que cuando tú y tu esposa se casaron, se convirtieron en una sola carne (Génesis 2:24). ¿No es algo maravilloso haber sido creados para ser uno con nuestro compañero? Esto nos parece posible al comienzo de la relación matrimonial. Existe la *anticipación* de unidad en el momento inicial cuando percibes que fueron destinados para ser más que amigos. Existe un sentir de unidad durante la etapa del noviazgo. La *promesa* de unidad durante el período de compromiso. La *declaración* de unidad en los votos matrimoniales. La *emoción* de unidad durante la luna de miel. La *sensación* de unidad a medida que se establece un nuevo hogar. Y entonces, en algún momento a lo largo del camino, ocurre cierta erosión marcada por un distanciamiento sutil.

¿Cómo sucede tal cosa?

La respuesta es el mundo, la carne y el diablo. El mundo incursiona sigilosamente, además de la crianza de los hijos, seguir las profesiones y las ocupaciones del diario vivir. Comenzamos a sentir mayor fascinación o distracción por *estas cosas* que por nuestro cónyuge. Nuestra carne nos controla por completo cuando decidimos ser egocéntricos en lugar de ser sacrificados. Y no podemos olvidarnos de Satanás.

En el principio, Dios creó el matrimonio. Y desde entonces Satanás está intentando destruirlo. Tú y tu esposa fueron creados a la imagen de Dios (Génesis 1:27). Satanás desea convertirte a *su* imagen. Satanás no desea que tu matrimonio sea exitoso, y por lo tanto establece un plan para su destrucción. Incluso en este mismo momento está planificando destruir tu matrimonio. Pero tú, mi querido hermano, recibiste el poder y la autoridad para detener dicho plan a través de tus oraciones. Orar por tu esposa mantiene el mundo a raya, se transforman los corazones egoístas y se desvían los planes del diablo. Si Dios te pidió que oraras por tus enemigos, ¿cuánto más querrá que ores por la persona que se supone que ames y con quien eres una sola carne? Pero primero tienes que orar *por ti mismo.*

Cinco maneras de ser el esposo que Dios desea

En la Biblia, Dios ordena lo siguiente: «Finalmente, sed todos de *un mismo sentir, compasivos, amándoos* fraternalmente, *misericordiosos, amigables*» (1 Pedro 3:8). Prestarle atención a estas cinco instrucciones puede cambiar tu vida y tu matrimonio y convertirte en el hombre y esposo que Dios desea. Definitivamente es algo por lo cual vale la pena orar.

1. SÉ DE UN MISMO SENTIR

Es horrible tener disensión en el matrimonio. Nos hace infelices. Afecta cada área de nuestras vidas. Y probablemente es lo más semejante al infierno aquí en la tierra. Y si dura mucho tiempo, puede destruirlo todo. Jesús dijo: «Todo reino dividido contra sí mismo, es asolado, y toda ciudad o casa dividida contra sí misma, no permanecerá» (Mateo 12:25). Tales predicciones son aterradoras. Pero la oración es la clave por medio de la cual se puede mantener la unidad en la relación matrimonial.

Un hombre y una mujer no pueden vivir completamente independientes el uno del otro sin pagar un alto precio como resultado. Tal situación los hace ser incompletos. «Pero en el Señor, ni el varón es sin la mujer, ni la mujer sin el varón» (1 Corintios 11:11). Pero debido a que el hombre y la mujer son diferentes, es bastante fácil para ambos emprender caminos completamente separados. Hasta en los matrimonios más íntimos, ninguno de los dos está unido como si fueran gemelos siameses. Es posible que tú y tu esposa tengan trabajos, intereses y actividades separadas, pero si con regularidad están orando con el cónyuge, y el uno por el otro, esto los mantendrá sintonizados y en la misma senda. Sin esta unidad de la mente y el espíritu que brinda la oración, es demasiado fácil acostumbrarse a que el otro no esté involucrado. Y si a causa de esto, el resentimiento penetra en el corazón de uno de los dos, pueden comenzar a separarse el uno del otro mental, física o emocionalmente, sin siquiera notarlo.

Especialmente importante es tener la misma fe y creencias. De hecho, esto es algo por lo cual deben comenzar a orar. La relación completa se compromete si no se ponen de acuerdo en esta área en particular. Por ejemplo, asistir a diferentes iglesias o asistir a una iglesia que a uno de los dos no le guste, o que uno de ustedes asista a la iglesia mientras que el otro no asiste siempre, son situaciones que promueven la falta de unidad.

Si recuerdas otros asuntos tales como estos que causaron división entre tú y tu esposa, debes orar específicamente al respecto. Pídele a Dios que cambie tu corazón donde lo considere necesario para lograr la unidad con tu esposa. Ora para que tu esposa pueda cambiar cualquier actitud y perspectiva que sea necesario cambiar. Tu matrimonio se convertirá en una poderosa fuerza para el bien, si es que ambos tienen una misma mente.

2. SÉ COMPASIVO

¿Alguna vez viste a tu esposa sufrir, pero no sabes qué hacer al respecto? Algunos hombres se impacientan ante tal situación. Otros se sienten tan perdidos o abrumados que reaccionan alejándose. Si consideras que esto te está sucediendo, ruégale a Dios que te dé un corazón compasivo. Tener compasión por tu esposa es sentir profunda simpatía por cualquier área en la cual ella esté sufriendo, y tener un profundo deseo de aliviar tal sufrimiento.

Un aspecto de la compasión tiene que ver sencillamente con la acción de escuchar. Esto significa que estás dispuesto a escuchar sin tener esa mirada perdida en el espacio que dice: «Tengo otras cosas más importantes que hacer. Acabemos con esto lo antes posible». Tu esposa no espera que lo arregles todo. Solo necesita saber que la escuchas y que te interesa saber cómo ella se siente.

En el pasado, mi esposo permanecía quieto y me escuchaba durante no más de tres segundos (yo medí el tiempo) antes de marcharse de la habitación. Si yo quería que escuchara una oración completa, tenía que correr detrás de él o tenía que completar la oración la próxima vez que nos viéramos. Las veces que logré sentarlo y que me mirara mientras le estaba hablando, tenía que pedirle que me diera algún indicio de que estaba entendiendo lo que yo le decía. Por lo general le decía algo así: «Pestañea si me estás escuchando». Y cuando pestañeaba, ¡era tan significativo saber que había escuchado mi voz! Ahora él siente mis luchas en lo profundo de su corazón y me escucha atentamente. Esos momentos, cuando escuchamos y demostramos compasión, son momentos de sanidad para nuestra relación.

Ora para que Dios te permita tener un corazón lleno de compasión hacia tu esposa, y la paciencia para escucharla cuando así lo necesite. Es un arte que vale la pena cultivar. Lograrás llegar con tu esposa a lugares a los que habrás soñado llegar.

3. SÉ AMOROSO

Jesús nos ama con fidelidad, pureza, constancia y pasión, no importa cuán imperfecto somos. Si un hombre no ama a su esposa de la misma manera, abusará de su autoridad y de su liderazgo, y como resultado abusará de *ella*. Debido a que eres uno con tu esposa, debes tratarla como a tu propio cuerpo. No harás nada a propósito que le haga daño o la destruya. La amas y la cuidas. «Por lo demás, cada uno ame también a su mujer como a sí mismo» (Efesios 5:33).

Jack Hayford, nuestro pastor durante 23 años, siempre dice que puede saber si un hombre ama verdaderamente a su esposa, porque con el pasar de los años ella es cada vez más hermosa. Él reconoce esa belleza interior que no se desvanece, sino que con el tiempo aumenta cuando la mujer es amada.

No tienes idea de lo mucho que significa tu amor por tu esposa. No se lo niegues, o de una u otra manera la vas a perder. La Biblia dice: «No te niegues a hacer el bien a quien es debido, cuando tuvieres poder para hacerlo» (Proverbios 3:27). Ruégale a Dios que aumente el amor que sientes por tu esposa, y que te permita demostrárselo de manera tal que ella se embellezca.

4. SÉ TIERNO

¿Te molesta algo de tu esposa? ¿Hay algo que ella dice o hace, o que *no* hace o dice que te irrita? ¿Reconoces que a veces deseas cambiar algo en ella? ¿Qué sucede cuando tratas de *hacer* tales cambios? ¿Cómo responde ella cuando demuestras tu irritación? ¿Alguna vez te rendiste diciendo: «No vale la pena, ella nunca será diferente»?

Lo cierto es que los cambios son difíciles para todos nosotros. Por mucho que lo intentemos, no nos podemos cambiar a nosotros mismos de un modo significativo. Solo Dios puede hacer cambios perdurables en nosotros. Solo *su poder* puede transformarnos. Por eso la oración es una forma mucho más tierna y segura de lograr cambios en tu esposa.

Por ejemplo, ¿se retrasa siempre tu esposa mientras que a ti te gusta llegar a tiempo? Es probable que ella no lo esté haciendo a propósito. Quizá no calcule bien el tiempo o tal vez esté tratando de hacer demasiadas cosas. Ora para que Dios la ayude a organizar mejor las cosas o a no asumir más de lo que puede manejar, o para que logre desarrollar un concepto más claro del factor tiempo. Y sobre todo, no permitas que el enojo, las asperezas y las actitudes denigrantes broten sigilosamente en la relación. Las críticas con la intensión de hacerla cambiar, no funcionan. Nunca producirán los resultados que deseas. ¡Lo único que funciona es la oración!

Por lo tanto, en vez de impacientarte con las debilidades de tu esposa, ruégale a Dios que te dé un corazón tierno para que puedas interceder a favor de ella en cuanto a sus debilidades. Pídele que te muestre cómo es que sus debilidades complementan tus puntos fuertes. Y recuerda, igual que tu manera de ser y la de tu esposa los puede unir, las diferencias harán que las cosas sean interesantes.

5. SÉ CORTÉS

¿En algún momento le hablas a tu esposa de forma tal que se considere rudo si estuvieras hablando con un amigo o socio de negocios? ¿Eres bondadoso con todos durante el día, pero cuando llegas a la casa desbordas toda tu frustración, agobio y enojo sobre tu esposa? ¿En algún momento permites que de tu boca salgan críticas en contra de tu esposa, frente a otras personas? Si así es, como una hermana en Cristo que profundamente se preocupa por ti y por tu esposa, permíteme darte la primera asignación importante de este libro: ¡DEJA DE HACERLO!

De por sí el matrimonio ya es bastante difícil para que uno de los dos sea rudo, cruel o desconsiderado con el otro. Ninguna otra cosa hace que el matrimonio se parezca tanto a un infierno en la tierra. No hay nada más que perturbe, derrote, atormente, sofoque o que provoque emociones; ninguna otra cosa que produzca en nosotros los peores sentimientos como un matrimonio en el que uno de los cónyuges carece de la más elemental cortesía. He escuchado de varios matrimonios que se disolvieron porque durante mucho tiempo la esposa recibió un trato tan rudo que llegó a sentir que se estaba convirtiendo en una persona resentida, enojada, amargada y sin esperanza. En otras palabras, se estaba convirtiendo en el tipo de persona que nunca deseó ser. Debemos tener suficiente interés en nuestro cónyuge como para dejar de hacer aquellas cosas que le causan heridas y molestias.

No hay nada más maravilloso que la voz masculina. Es fuerte, profunda y enriquecedora. Y el sonido de voces masculinas cantando al unísono es uno de los sonidos más maravillosos que existe sobre la faz de la tierra. Pero la voz masculina también puede ser aterradora, especialmente para las mujeres y los niños. La mayoría de los hombres no tienen la más mínima idea del poder que hay en sus voces. Cuando un hombre habla, sus palabras tienen el poder de crear y también el poder de destruir. Sus palabras pueden ser como cuchillo afilado que hiere y mata, o como un suave bálsamo que sana y da vida.

No estoy diciendo que no puedas dialogar honesta y confiadamente con tu esposa sobre los asuntos que les atañen. Den a conocer sus pensamientos y emociones por todos los medios posibles. Pero no permitan que sus palabras se conviertan en armas de críticas que destruyan lo que desean preservar. Aunque no sea nuestra intención, la falta de paciencia y el cansancio harán que nuestras palabras parezcan carecer de toda cortesía. Recuerda que «el reino de Dios no consiste en palabras, sino en poder» (1 Corintios 4:20). No son las palabras que hablas, sino el poder de Dios detrás de ellas lo que harán la diferencia. Orar primero, *antes* de dialogar sobre un tema sensible, le dará poder a tus palabras, y te dará la seguridad de decirlas con corazón sincero.

Tu esposa fue creada como regalo de Dios para completarte. «Y tampoco el varón fue creado por causa de la mujer, sino la mujer por causa del varón» (1 Corintios 11:9). Pero se debe tratar como el regalo de Dios que es, para que la completa bendición de Dios se cumpla en tu vida. Si la honras y le otorgas el valor merecido, tu esposa probará ser la más valiosa entre todas tus posesiones. La Biblia nos dice que «cualquier cosa que pidiéremos la recibiremos de él, porque guardamos sus mandamientos, y hacemos las cosas que son agradables delante de él» (1 Juan 3:22). Ruégale a Dios en oración que te ayude a hablarle a tu esposa de forma cortés y agradable ante sus ojos, y que te haga sensible de corazón para saber cuando no lo haces.

Orar por estas cinco sencillas instrucciones bíblicas transformará tu vida y tu matrimonio. Y no importa lo maravilloso que sea tu matrimonio, Dios quiere que sea mejor. Ya que Dios nos dice que debemos ser «transformados», eso significa que siempre hay espacio para mejorar (Romanos 12:2). Por lo tanto, es razonable si mejoramos individualmente, nuestro matrimonio también mejorará. Después de tu amor por ella, el mayor regalo que le puedes obsequiar es tu propia integridad. Su deseo más ferviente es que te conviertas en el hombre que Dios desea que tú seas. Este también debe ser tu deseo. Dios te dio fuerzas, inteligencia, poder, autoridad y las maravillosas características que forman parte de ser hombre. Pídele a Dios que te ayude a usarlas bien y para Su gloria. Pídele a Dios que te convierta en todo aquello para lo cual te creó, para que tú y tu esposa siempre sean un equipo vencedor.

ELLA DICE...

Por favor, ora tú solo para que:

1. Llegues a ser el tipo de esposo que Dios desea.
2. Sepas cómo amar verdaderamente a tu esposa.
3. El Espíritu Santo te dirija en todas las decisiones.
4. Seas liberado de comportamientos negativos.
5. Que hables palabras que edifiquen y no que destruyan.
6. Que tengas el deseo de orar por tu esposa.
7. Que crezcas espiritual, emocional y mentalmente.

ÉL DICE...

Por Michael Omartian

Michael es productor de discos y autor de canciones. Él y Stormie llevan 28 años de matrimonio, y tienen tres hijos adultos.

Hace muy poco escuché la triste historia de otra mujer que vivió en un matrimonio en el cual tuvo que soportar las acciones y declaraciones preponderantes de su esposo. La relación terminó en divorcio. Este fue un matrimonio en el cual sus opiniones no se apreciaban ni se necesitaban, y ella sintió que no la respetaban, ni la amaban, le faltaba poder y se sentía inútil. Lo peor de todo es que estas cosas están sucediendo con una frecuencia alarmante hasta en matrimonios cristianos. Lo cierto es que son demasiados los hombres a quienes se les enseñaron extrañas interpretaciones de porciones bíblicas. Dichas interpretaciones se esparcieron mediante la ignorancia y porque algunos hombres necesitan sentirse poderosos ejerciendo el papel de «sacerdote» en el hogar. Con razón el movimiento feminista ha ganado tanto terreno.

Aunque algunas mujeres están heridas y dolidas a causa del extremismo del movimiento de liberación femenina, me es fácil ver cómo esto comenzó. Nosotros los hombres podemos hacer un mejor trabajo cuando se trata de amar a nuestras esposas como Cristo amó a la iglesia. Sé que *yo* puedo, y pido a Dios que lo haga. Creo que a través de la oración Dios nos dará, a nosotros los hombres, las herramientas que necesitamos para considerar a nuestras esposas con el gran respeto y afecto que merecen, y que lleguemos a ser los instrumentos de apoyo que ellas necesitan.

Cristo murió por la iglesia. Necesitamos pedirle a Dios que nos ayude a elevarnos hasta el nivel que trazó para nosotros, para que comencemos a considerar a nuestras esposas primero que a nosotros mismos. De esta manera, nuestros matrimonios serían una historia muy diferente.

ORACIÓN DE **PODER**

«Crea en mí, oh Dios, un corazón limpio, y renueva un espíritu recto dentro de mí» (Salmo 51:10). Muéstrame dónde mi actitud y mis pensamientos no son lo que deben ser, especialmente en cuanto a mi esposa se refiere. Trae convicción a mi corazón cuando no quiero perdonar. Ayúdame a deshacerme de toda ira, para que la confusión no tome control de mi mente. Si hay alguna conducta en mí que debo cambiar, permíteme hacer cambios que perduren. Todo lo que me reveles, lo confesaré como pecado. Conviérteme en un hombre de acuerdo con tu propio corazón. Permíteme ser la cabeza de mi hogar y familia para lo cual me creaste.

Señor, muéstrame cómo realmente puedo cubrir en oración a (nombre de la esposa). Permíteme vivir con ella, comprendiéndola y honrándola para que mis oraciones no encuentren estorbo (1 Pedro 3:7). Renueva nuestro amor del uno por el otro. Sana cualquier herida que haya causado división entre nosotros. Dame paciencia, comprensión y compasión. Permíteme ser amoroso, tierno de corazón y cortés con ella, tal y como me lo pides en tu Palabra (1 Pedro 3:8). Permíteme amarla tal y como tú la amas.

Señor, te pido que nos lleves a (nombre de la esposa) y a mí a un nuevo nivel de unidad mutua. Que seamos de una misma mente. Muéstrame lo que debo hacer para que esto sea una realidad en nuestras vidas. Dame palabras que sanen y no palabras que hieran. Llena mi corazón con tu amor de tal manera con que, lo que fluya a través de mi hablar sean palabras que edifiquen y no que destruyan. Convénceme de mi error cada vez que no viva de acuerdo con tu voluntad. Ayúdame a ser el hombre y esposo que tú quieres que sea.

HERRAMIENTAS DE PODER

Por esto dejará el hombre a su padre
y a su madre, y se unirá a su mujer, y los dos serán
una sola carne. Por lo demás, cada uno de vosotros,
ame también a su mujer como a sí mismo;
y la mujer respete a su marido.

Efesios 5:31 y 33

El que aparta su oído para no oír la ley,
su oración también es abominable.

Proverbios 28:9

Maridos, amad a vuestras mujeres, así como Cristo
amó a la iglesia, y se entregó a sí mismo por ella.

Efesios 5:25

Confesaos vuestras ofensas unos a otros,
y orad unos por otros, para que seáis sanados.
La oración eficaz del justo puede mucho.

Santiago 5:16

Así también los maridos deben amar a sus mujeres
como a sus mismos cuerpos. El que ama a su mujer,
a sí mismo se ama. Porque nadie aborreció jamás
a su propia carne, sino que la sustenta y la cuida,
como también Cristo a la iglesia.

Efesios 5:28-29

Capítulo Dos

SU
ESPÍRITU

Tu esposa es como un automóvil. Quizá requiera mucho mantenimiento al igual que un auto deportivo italiano. Tal vez sea tan refinada y cara como un sedán de lujo alemán. Podría ser tan sólida y fuerte como un vehículo de uso deportivo, o tan delicada como un auto de exhibición en el *Pebble Beach Concours d'Elegance*. Puede que sea como la clase eficiente de seis cilindros, o como un modelo V-8 que es mucho más rápido, pero también más caro. Quizás sea como un modelo de tracción en las cuatro ruedas del que puedes confiar en toda clase de intemperie, o puede carecer de todo tipo de control de tracción al ir cuesta abajo, hasta en el mejor de los días. Cualquier cosa que sea diminuta como un auto compacto o de tamaño grande o todavía mayor, necesita combustible para correr suavemente.

El espíritu de tu esposa es el combustible en su auto. Tal vez tenga el mejor chasis en el mercado, un hermoso interior, una apariencia fabulosa, un motor que ronronea como un dulce gatito, un asiento trasero maravilloso, un maletero espacioso y todos los accesorios necesarios, pero si no tiene combustible no podrá correr. Su exterior seguirá viéndose muy bien, pero su fuente de poder se verá disminuida. Y no solo debe tener el tanque lleno, también hay que cargar su batería, hay que mantener el aceite limpio, hay que rellenar el líquido del freno, y sí, ella debe tener un buen suministro de solución anticongelante para esas noches frías.

A todos se nos acaba el combustible sin la diaria plenitud del Espíritu Santo. En este mismo momento tu esposa podría estar corriendo sin combustible, y ni cuenta se ha dado. Algunas mujeres nunca se detienen a verificar sus indicadores de medidas y quedan completamente sorprendidas cuando de pronto se les acaba el combustible. Si cada día una mujer no invierte suficiente tiempo ante el Señor, en oración, adoración y en la Palabra de Dios, perderá terreno y el enemigo de su alma la inutilizará. Es posible que tu esposa tenga la suficiente solidez en la Palabra de Dios para no dudar de su salvación, o de Su promesa de vida eterna, o de Su gracia y bondad. Pero Satanás podría lograr que ella comience a dudar que Dios la creó con valiosos dones y un llamado personal. O podría enfrentar esos momentos en que comienza a cuestionar si en realidad todas las cosas obran para bien. Cuando experimenta este tipo de ataque, algo que todas las mujeres experimentan en algún momento, sus fuerzas se verán reducidas. A causa de los incesantes ataques del enemigo, muchas mujeres pueden sufrir erosión física, emocional y mental, sin percatarse de lo que verdaderamente les está sucediendo. Y el proceso del matrimonio se ve afectado. La relación de tu esposa con Dios afectará más que ninguna otra cosa su relación contigo.

Porque eres cabeza del hogar, y porque se te otorgó toda autoridad «sobre toda fuerza del enemigo» (Lucas 10:19), tú le puedes hacer saber al enemigo que no puede mentirle a tu esposa o tergiversar la verdad de Dios en su mente. Puedes orar para que tu esposa se fortalezca en la verdad de que tan pronto como identifique cualquier mentira del enemigo, lo echará a un lado y solo escuchará la voz de Dios.

En la encuesta que llevé a cabo entre las mujeres, el área que primordialmente desean que sus esposos oren por ellas es su andar espiritual. Tu esposa desea convertirse en una poderosa mujer de Dios. Desea tener una relación con Dios que sea sólida, y una fe que sea inconmovible. Y debido a que las mujeres sienten que tiran de ellas de todas partes, necesitan oración para que la paciencia, el amor, la paz y todos los frutos del espíritu se manifiesten en sus vidas.

Tu esposa también desea conocer la voluntad de Dios, y quiere estar segura de que se encuentra en el centro de dicha voluntad. Entender con claridad lo que Dios la está llamando a desempeñar, y luego hacerlo, la llena de paz. Por ejemplo, si en este momento de su vida Dios la está llamando a permanecer en el hogar y cuidar de sus hijos, ella necesita escucharlo de Dios para estar satisfecha con tal decisión. Tus oraciones la ayudarán a escuchar la voz de Dios y a estar contenta, no importa el estado en que se encuentre.

Otra buena razón para orar por el andar espiritual de tu esposa es que, por encima de todo, es mucho mejor si ambos están depositando sus expectativas en Dios. Esto evita que depositen, el uno en el otro, todas sus expectativas y que sufran desilusión cuando no se satisfagan.

Cuando el tanque de tu esposa está vacío, su sistema de audio continuará funcionando y parecerá que se encuentra en buen estado, pero sus neumáticos no podrán rodar porque no puede acelerar y mucho menos alcanzar la velocidad máxima. Su timón no funcionará, y por lo tanto no podrá navegar. Sus frenos no funcionan, y por consecuencia no podrá detenerse cuando necesite hacerlo. Ella debe llenarse otra vez, y a diario, con el combustible del Espíritu Santo. Debe cargarse con el poder de Dios. Y cuando su tanque esté lleno, tendrá el control de automático del ambiente, podrá llegar a su destino y el viaje sera placentero.

¿Tiene tu esposa suficiente de lo que necesita para correr la distancia que hoy debe viajar? ¿Llenó su tanque con lo mejor? Pregúntale a Dios al respecto, y Él te lo mostrará.

ELLA DICE...

Por favor, ora por tu esposa para que:

1. Sea fuerte en la fe.
2. Crezca espiritualmente.
3. Invierta tiempo estudiando la Palabra y orando.
4. Crezca en discernimiento y revelación.
5. Llegue a ser una poderosa mujer de Dios.
6. Sea luz a los demás.
7. Conozca la voluntad de Dios y la viva.

ÉL DICE...

Por Michael Goldstone

Michael es dueño de una compañía distribuidora de luces. Él y Debra, su esposa, llevan 28 años de matrimonio, tienen dos hijos adultos y un nieto.

Durante varios años oré por mi esposa casi todos los días. Todas las mañanas, antes de despedirnos, la acerco a mí y la cubro con mis brazos y con mis oraciones. Esta ha sido mi más alta prioridad, darle todo el tiempo que necesita para ponerme al tanto de todo lo que está sucediendo en su vida, su salud, sus relaciones, oportunidades para ministrar y todos sus sentimientos. Así es que mientras la tengo entre mis brazos, le pido a Dios que obre específicamente en aquellas áreas que durante el día son las más significativas. Oro por su protección física. Y oro para que Dios la acerque más a Él, y que durante ese día sienta su presencia de manera especial.

Solo me toma uno o dos minutos, pero por la gracia de Dios he sido constante en hacerlo diariamente, durante varios años. Dios es fiel al contestar mis oraciones, y esto le sirve a Debra de tremendo consuelo, apoyo, seguridad respecto a lo mucho que la amo. En muchos aspectos todavía nos sentimos como recién casados, emocionados al estar juntos. Sé que la oración tiene mucho que ver con este sentir.

ORACIÓN DE **PODER**

Señor, aunque amo mucho a mi esposa, sé que tú la amas más. Reconozco que no puedo suplir cada necesidad y expectativa, pero tú si puedes. Te pido que le des a (<u>nombre de la esposa</u>) la satisfacción de conocerte, como nunca antes, de una manera más profunda y significativa. Ayúdala a ser diligente y tenaz en su andar contigo para que nunca dude ni flaquee. Fortalece su espíritu, dale una fe que no mengüe para que siempre crea que tú contestarás sus oraciones. Ayúdala a dedicar un tiempo diario a relacionarse contigo a través de tu Palabra, en oración y en adoración. Que tus palabras moren en ella, para que cuando ore, tu le concedas los deseos de su corazón (Juan 15:7). Ayúdala a conocerte cada vez mejor. Que para todo siempre acuda a ti en primer lugar a medida que te conviertes en su constante compañía. Dale discernimiento y revelación, y permite que escuche tu voz cuando la instruyes. Ayúdala a mantenerte en su foco de atención, no importa cuán grande sea la tormenta a su alrededor, para que no se aparte del camino que le trazaste. Mantenme consciente de cuándo ella necesita una nueva plenitud de tu Espíritu para orar enseguida.

El deseo de su corazón es ser ejemplo piadoso ante sus amigos y familiares, así que dale paciencia con todos los que encuentra en su camino. Ayúdala a tener una plenitud tal de tu Espíritu que las personas perciban tu presencia cuando están en su presencia. Sé que ella desea servirte, pero ayúdala a entender cuándo debe decir «no», si le piden hacer más de lo que debe. Que te glorifique en todo lo que haga.

Dice tu Palabra que todo el que a ti te encuentra, halla la vida y alcanza tu favor (Proverbios 8:35), por lo tanto, oro que (<u>nombre de la esposa</u>) halle nueva vida en ti en este día y disfrute las bendiciones que sobre ella derramas. Guíala en todo lo que haga, para que pueda llegar a ser la mujer dinámica y poderosa de Dios que tú quieres que sea. Déjala saber tu voluntad y permítele permanecer en el centro de esta. Ayúdala a confiar en ti de todo corazón y a no depender de su propia prudencia. Haz que te reconozca en todos sus caminos (Proverbios 3:5,6).

HERRAMIENTAS DE PODER

Bienaventurados los que tienen hambre y sed
de justicia, porque ellos serán saciados.
Mateo 5:6

Si permanecéis en mí, y mis palabras permanecen en
vosotros, pedid todo lo que queréis, y os será hecho.
Juan 15:7

Mas el que bebiere del agua que yo le daré, no tendrá
sed jamás; sino que el agua que yo le daré será en él
una fuente de agua que salte para vida eterna.
Juan 4:14

Si tuviereis fe como un grano de mostaza,
diréis a este monte: Pásate de aquí allá, y se pasará;
y nada os será imposible.
Mateo 17:20

Gloriaos en su santo nombre; alégrese el
corazón de los que buscan a Jehová.
Salmo 105:3

Capítulo Tres

SUS
EMOCIONES

L as emociones de tu esposa se pueden comparar a un violín finamente construido. Cuando el instrumento se afina perfectamente, da por resultado una hermosa música. Pero debido a que el violín es tan delicado y muy sensible al medio ambiente, no requiere mucho esfuerzo para que se afecte dramáticamente. Cualquier cambio en temperatura, humedad o altitud, un cambio tan sutil que para ti sería imperceptible, podría causar que se desafine en forma horripilante. Y no tiene que estar muy desafinado para que todos los que están a una distancia audible se sientan completamente miserables.

Cuando se toca el violín, el resultado final puede se una música hermosa, rica, profunda y placentera. O bien podría ser un sonido áspero, disonante, ruidoso, espantoso y desagradable. Desde luego, que sea de una forma u otra depende de la condición del violín, pero mayormente recae en la habilidad del que lo toca. Cuando las emociones de tu esposa están en manos del enemigo, todo se desafina, y los resultados son desagradables y molestos. Cuando Dios está en control, sus emociones son una ventaja y el resultado final es tranquilizador.

Creo que ya estarás muy consciente de que las emociones que experimenta tu esposa afectan tu vida dramáticamente. Si está deprimida, ansiosa, enojada o herida, es muy probable que de algún modo tú también lo sientas. Algunos hombres reaccionan a las emociones de sus esposas desconectándose. No tienen ni la más mínima idea de lo que está sucediendo, así que se alejan y dejan de escuchar. Otros no toman muy en serio lo que sus esposas están experimentando, con la esperanza de minimizar su efecto.

También hay hombres que subirán el volumen de sus vidas esperando ahogar estos misteriosos problemas. Pero no creo que los hombres reaccionen así porque no les importan sus esposas. Lo hacen porque no saben qué hacer al respecto, y solo esta realización les resulta abrumadora.

La mejor manera de lidiar con el asunto de las emociones de tu esposa es pedirle a Dios que te revele lo que ella siente y que te muestre cómo orar al respecto. Mucho de lo que sucede en las emociones de una mujer comienza en su mente. El enemigo de su alma la alimenta con pensamientos que la hacen sentirse deprimida, triste, enojada, amargada, ansiosa, temerosa, sola o llena de dudas sobre sí misma. Él la hará creer que tales pensamientos son la realidad, o que Dios le está dando revelación sobre su vida. Cuando el enemigo le grita mentiras y confusión, Dios usará tus oraciones para ponerle fin al asunto y traer a su vida el silencio, la claridad y la paz que ella necesita. Tus oraciones aclararán su mente, calmarán sus emociones, la ayudarán a reconocer la verdad y harán posible que escuche mejor la voz de Dios.

Nuestros matrimonios serían muchísimo mejor si antes de casarnos todos estuviésemos completamente sanos. Pero lograr tal sanidad podría tomarnos toda una vida, y es mucho más de lo que la mayoría de nosotros estaría dispuesto a esperar antes de casarnos. Sin embargo, es el mismo matrimonio el que a menudo provee las condiciones que necesitamos para alcanzar nuestra sanidad emocional. La sanidad emocional se lleva a cabo más rápido dentro del contexto de una relación de amor comprometido e incondicional, porque la persona herida con frecuencia se siente lo suficientemente segura para enfrentar el dolor del pasado. Ella no tiene que tratar de mantener su vida a flote ni mantener una falsa imagen ni aparentar que no hay heridas en su vida.

Si después de casarte encuentras que una variedad de heridas y emociones comienzan a resurgir en tu esposa, cosas de la cuales nunca antes te percataste, regocíjate porque te considere digno de tal confianza para servir de apoyo durante este tiempo de sanidad. No huyas ni le temas a la tarea que tienes por delante. No se requiere que seas el sanador, o que arregles todas las cosas, o que tengas todas las respuestas. Solo Dios puede sanar las heridas emocionales, y lo hará desde adentro hacia afuera. Pero tus oraciones son cruciales para mantener alejado al diablo mientras se realiza la sanidad.

Debido a mi propia sanidad emocional, a causa de los efectos del abuso infantil (que describí en mi libro *Stormie*), a menudo recibo ciertas preguntas de esposos preocupados que están casados con mujeres que sufren de profundas heridas emocionales. Uno de estos hombres expresó lo que es típico de muchos otros al decir: «No sé qué hacer por mi esposa cuando está deprimida. ¿Qué puedo decirle? ¿Cómo puedo ayudarla? Nada de lo que hago parece lograr alguna diferencia».

Le respondí de la siguiente manera.

«Mucho de lo que tu esposa está experimentando en sus emociones es el resultado de cosas que experimentó en su pasado», le dije. «Es difícil que lo entiendas porque no tienes sus mismos antecedentes. Pero Dios desea sanar el dolor de tu esposa y devolverle la salud metal. Él está permitiendo que tu esposa atraviese ahora por todo esto, *porque* está casada contigo. Está sucediendo porque tú le estás brindando una cobertura espiritual y un refugio mediante el cual ella puede sentirse lo suficientemente segura para permitir que suceda el proceso de sanidad.

«Lo que mejor puedes hacer es asegurarle, por medio de tus palabras y acciones, que la amas incondicionalmente». Y agregué: «Hoy más que nunca, ella necesita de tu apoyo. Hazle saber que estás orando por ella y que lo harás *con* ella cada vez que así lo necesite. Pídele a *Dios* que te ayude a entender lo que está sintiendo y cómo reaccionar de una forma positiva. Orar acerca de tu reacción por lo que ella está sintiendo es tan importante como orar para que Dios sane sus emociones. Y cuando tu esposa comience a sanar, es muy importante que la estimules».

Orar por tu esposa puede ser de ayuda para afinar ese inapreciable instrumento que Dios colocó a tu cuidado. Y te asegurará que vas a disfrutar de una excelente música en tu hogar.

ELLA DICE...

Por favor, ora para que tu esposa:

1. Disfrute de estabilidad emocional.
2. Tenga una mente clara y fuerte.
3. No crea las mentiras sobre su persona.
4. Se sienta segura en tu amor.
5. Experimente el gozo del Señor.
6. Puedas entender sus sentimientos.
7. Viva en paz.

ÉL DICE...

Por Jack Hayford

El pastor Jack es ministro fundador de la iglesia The Church On The Way *[La iglesia en el camino] y presidente de* The King's College and Seminary *[La universidad y seminario del Rey] en Los Ángeles, California. Él y Anna, sus esposa, llevan 47 años de matrimonio, tienen cuatro hijos adultos y once nietos.*

En mi capacidad de esposo de oración me preguntan cómo oro por Anna, mi querida esposa. Al reflexionar al respecto, me percaté de algo muy peculiar, y es que el punto de partida de mis momentos más significativos al orar por ella, suceden cuando oro por mí mismo:

❖ ...orar pidiendo que pueda percibir su tarea tal y como ella la percibe, con el fin de apoyarla como es debido, que yo sea alguien que entienda sus emociones y la naturaleza de los retos que siente desde su punto de vista.

❖ ...orar pidiendo que yo sea paciente y caballeroso sintiendo lo mismo que ella siente, igual que Jesús se compadece de mi debilidad (Hebreos 4:15).

Más y más, a través de los años de nuestro matrimonio, el Espíritu Santo me ha ayudado a reconocer que amar a mi esposa como Cristo amó a la iglesia (Efesios 5:25) es adquirir una sensibilidad semejante a la de Cristo en cuanto a cómo ella se siente. Así que, luego de orar día tras día por ella, durante más de cuatro décadas de matrimonio, he aprendido que mi mayor eficacia radica en aprender a dejar que el Espíritu de Dios sensibilice mi corazón al momento presente de Anna, sus tareas, cansancios, alegrías, pruebas, incertidumbres o sus necesidades.

Este tipo de oración requiere una cosa más: Que en mi corazón haya constante claridad de alma. Sin importar las irritaciones que causan las tensiones debido a las muchas ocupaciones de la vida, como cualquier acto de impaciencia que yo, en mis respuestas tan masculinas, tenga hacia sus acciones tan femeninas, no puedo permitir que mi alma se vea afectada por actitudes que pongan en peligro mi capacidad de orar con plena comprensión de sus sentimientos, paciencia con sus pruebas o sensibilidad hacia su perspectiva personal.

Para mí este ha sido un lento proceso de madurez, pero de acuerdo con su amorosa evaluación de mi esfuerzo, ¡he crecido bastante! Mi conclusión al respecto es que, esto no es otra cosa que un caso más de la eficacia de *sus* oraciones por *mí*!

ORACIÓN DE **PODER**

Señor, estoy muy agradecido porque creaste a (nombre de la esposa) como una mujer de profundos pensamientos y sentimientos. Sé que tú intentaste esto para bien, pero también sé que el enemigo de su alma intentará usarlo para mal. Ayúdame a discernir cuándo lo está haciendo y capacítame para orar al respecto.

Gracias por darle a (nombre de la esposa) dominio propio (2 Timoteo 1:7). Protégela del autor de toda mentira y ayúdala a derribar «argumentos y toda altivez que se levanta contra el conocimiento de Dios, y llevando cautivo todo pensamiento a la obediencia a Cristo» (2 Corintios 10:5.) Dale discernimiento respecto a lo que ella recibe en su mente. Te pido que con prontitud pueda identificar las mentiras sobre su persona, su vida o su futuro. Ayúdala a reconocer cuándo se está librando una batalla en su mente, y estar consciente de las tácticas del enemigo. Hazle recordar que se mantenga en el plan que tú trazaste y que dependa de la espada del Espíritu, que es tu Palabra (Efesios 6:17). Permite que ella acuda a ti, en vez de dar lugar a pensamientos negativos, molestos, malignos o preocupantes.

Hazme saber cuándo mi esposa está luchando para hablar con ella abiertamente sobre lo que está en su mente y corazón. Permite que podamos comunicarnos con claridad, para no dejar que el enemigo gane terreno con malentendidos y confusión. Ayúdame a no reaccionar de forma inapropiada ni alejarme emocionalmente de mi esposa cuando no la comprenda. Dame paciencia y sensibilidad, y que mi oración se convierta en mi primera reacción a sus emociones, y no en la última opción.

Aunque estoy consciente de que no puedo suplir todas las necesidades emocionales de mi esposa, sé que tú sí puedes hacerlo. No pretendo evadir mi responsabilidad de suplir cualquiera de sus necesidades, pero sé que algunas de ellas solo tú las podrás suplir. Te pido que cuando ciertas emociones negativas amenacen su felicidad, acuda a ti en primer lugar, porque solo tú puedes librarla de ellas. Ayúdala a esconderse «en lo secreto de tu presencia» (Salmo 31:20).

Señor, te ruego que confortes su alma (Salmo 23:3), que sanes sus quebrantamientos y vendes sus heridas (Salmo 147:3). Que ella sienta seguridad en tu amor y en el mío. Quita todo temor, duda y desánimo, y dale claridad, gozo y paz.

HERRAMIENTAS DE PODER

Sobre toda cosa guardada, guarda tu corazón;
porque de él mana la vida.
Proverbios 4:23

Jehová redime el alma de sus siervos, y no serán
condenados cuantos en él confían.
Salmo 34:22

No os conforméis a este siglo, sino transformaos
por medio de la renovación de vuestro entendimiento,
para que comprobéis cuál sea la buena voluntad
de Dios, agradable y perfecta.
Romanos 12:2

Porque el ocuparse de la carne es muerte,
pero el ocuparse del Espíritu es vida y paz.
Romanos 8:6

Con vuestra paciencia ganaréis vuestras almas.
Lucas 21:19

Capítulo Cuatro

LA
MATERNIDAD

E l trabajo de un hombre está bastante definido. Él sabe cuándo comienza y cuándo termina. Entiende cuándo tiene éxito en lo que hace y cuándo no. Y basado en el cheque que recibe, también sabe cuál es su valor en el mercado. Una mujer cuya ocupación primordial es ser madre, no conoce ninguna de estas cosas. Trabaja largas horas durante el día y la noche porque su trabajo nunca tiene fin. No tiene días libres por enfermedad, y si quisiera renunciar, no tendría a dónde acudir. Se encuentra en una profesión que requiere grandes destrezas y sin embargo, la única preparación la recibe en el desempeño de dicha profesión. A menudo no puede ver el fruto de sus labores, y *realmente* no sabrá si tuvo éxito hasta que por lo menos pasen veinticinco años desde el comienzo del trabajo. Y aunque los beneficios son excepcionales, su salario, si es que existe, es bastante nebuloso.

En la encuesta que hice a las esposas, ellas eligieron la maternidad entre sus tres primeras necesidades de oración, después de orar por su vida espiritual y emocional. Me dijeron que uno de los aspectos de mayor preocupación en la crianza de los hijos es encontrar un equilibrio exitoso entre ser buena madre y buena esposa. Todas las madres luchan a diario con este equilibrio, y lo reconozcan o no, a menudo se sienten culpables por descuidar al esposo o a los hijos. Y ni siquiera es un asunto de igualdad de tiempo, ya que ningún papá que sea autosuficiente va a recibir la misma cantidad de tiempo y atenciones que un niño que no puede valerse por sí solo. Ella reconoce que su esposo puede vestirse y alimentarse solo, puede llegar solo al trabajo y tomar sus propias decisiones. Pero los hijos la necesitan para todo, y mientras más pequeños son, más necesitan de ella. Y, al contrario de la mayoría de los demás empleos, ella no puede delegar satisfactoriamente en manos de otra persona gran parte de sus responsabilidades.

Para encontrar tal equilibrio, tu esposa necesita de tus oraciones. Cuando logre hacerlo, no solo será mejor para ella sino que en innumerables formas también resultará ser una gran bendición para ti y para tus hijos. Tus oraciones también la ayudarán con la pesada carga de la crianza de los hijos que lleva sobre sus hombros, antes que este monumental trabajo se convierta en algo fatigoso. Más importante aun, Dios obrará a través de tus oraciones para que en el proceso ella experimente su paz. Esta paz la debe hallar dentro de sí misma mientras cría a sus hijos, ya que si no logra hacerlo, no podrá sobrevivir cuando los chicos crezcan y dejen el hogar. Tus oraciones por ella, como madre que es, marcarán la diferencia, haciendo que el desempeño de sus responsabilidades no sea una carga diaria de trabajo sucio e indeseable, sino una labor de amor que emana vida.

El dolor de los brazos vacíos

En cada mujer existe el deseo de hacer aquello para lo cual fue creada. Una de las cosas para lo cual se creó el cuerpo de la mujer es para dar a luz. Sus brazos se crearon para sostener a un hijo, y ella sentirá un profundo vacío si se le niega tal privilegio durante mucho tiempo. Incluso aquellas mujeres que por una u otra razón *decidieron* no tener hijos, experimentan dolorosos deseos de cargar a un niño en sus brazos de vez en cuando. Para las mujeres que *anhelan* grandemente tener sus hijos, y tal experiencia les fue negada, existe un dolor tan profundo que solo Dios puede tocar y aliviar. La «matriz estéril» nunca queda satisfecha (Proverbios 30:15,16).

Si tu esposa no es mamá, pero anhela serlo, ora para que encuentre consuelo a tal dolor, aunque ya no lo mencione. Si ambos tomaron la decisión de no tener hijos y están seguros de que esta es la voluntad de Dios, entonces quizás no exista tal problema. Pero si uno de los dos anhela tener hijos y el otro se opone, tal vez esto cause frustración, resentimiento e insatisfacción que puede torcer o crear tirantez en el matrimonio hasta el punto de quebrarse. Estar en desacuerdo al respecto, nunca será la voluntad de Dios para ustedes. Si tal descuerdo existe, ambos deben buscar de Dios con todo su corazón, y orar para que los dos estén de acuerdo con la voluntad de Dios.

Es sorprendente que la sanidad relacionada con la infertilidad se mencionara en la encuesta que hice entre las mujeres como una de las principales necesidades de oración para las madres. Por lo tanto, ora para que Dios haga todo lo que sea necesario, tanto en ti como en tu esposa, con tal de que este asunto se resuelva por completo. Y no te rindas. He conocido a muchas personas que durante muchos años estuvieron orando por un hijo, y de una u otra manera milagrosa vieron que Dios contestó sus oraciones. Esto nunca pudo ocurrir sin las fervientes oraciones a largo plazo de esposos y esposas que deseaban un milagro de parte de Dios. *Con frecuencia, los milagros más espectaculares les suceden a quienes los anhelan desesperadamente.*

La mamá que trabaja

De por sí los hijos son causa de grandes sentimientos de culpabilidad («¿Habré hecho lo suficiente?» «¿Acaso hice demasiado?»), pero si tu esposa es una madre que trabaja *fuera* del hogar, hora tras hora tiene que lidiar con la culpa. Desde el momento que nacen los hijos o llegan a su vida, una parte de *ella* siempre está con *ellos*. Esto es especialmente doloroso cuando durante largos períodos *ellos* no están con *ella*. No estar presente para recibir a los hijos cuando llegan a casa de la escuela, no estar presente cuando aprenden algo nuevo, no poder tomar tiempo libre del trabajo cuando uno de los hijos está enfermo, no participar en las actividades especiales, actuaciones, juegos o viajes de la escuela, y la preocupación de que si la persona que los cuida está haciendo un buen trabajo sabiendo que nadie los cuidará mejor que ella, todo esto contribuye al dolor y la culpa que siente una madre.

No importa cuán buena o devota sea ella como madre, o cuán excepcional sean sus destrezas maternales, cada mujer desea que oren por ella para llegar a ser una mejor madre. Las madres que trabajan fuera del hogar necesitan con desesperación de tales oraciones, porque en su caso, tienen mucho por hacer con menos tiempo disponible. Si tu esposa es una mamá que trabaja, ora para que el tiempo que pasa con sus hijos sea provechoso. Pídele a Dios que provea la manera de que no tenga que trabajar tanto, o tal vez dejar de trabajar. Ora para que esté libre de la paralizante carga de la condenación.

Los papás también sienten culpa

Cada uno de los hombres que conozco desea estar más involucrado en la vida de sus hijos y siente gran culpa si su empleo ocupa demasiado tiempo. Por supuesto, para un hombre es importante trabajar y mantener a su familia. De hecho, es algo admirable. Muchas son las veces que a los hombres no se les aplaude lo suficiente por todo lo que hacen para obtener un hogar seguro para sus familias. Sobre los hombres hay una gran presión para ser y hacer todo con éxito y se apodera de ellos un profundo sentir de fracaso cuando sienten que no están viviendo de acuerdo con sus expectativas y las de los demás. Esa es una de las razones por las cuales escribí el libro *El poder de la esposa que ora*. Sé que los hombres necesitan el apoyo de las oraciones de las esposas.

Todo lo que dije es porque quiero estimularte para que como padre reconozcas que tu presencia en el hogar es vital. Es mucho más importante de lo que posiblemente creas. Tu presencia en la casa hace que tu esposa e hijos se sientan seguros, fortalecidos y amados. Y además de esto, si diariamente inviertes varios minutos atendiendo exclusivamente a cada uno de tus hijos, mirándolo a los ojos y dialogando con ellos sobre sus vidas de una manera halagadora, les hará creer que valen mucho. No tienes ni la más mínima idea de la importancia que para tu familia tiene recibir tu aprobación.

Existe una forma para cada día estar más involucrado en la vida de tus hijos mientras que a la vez suples para sus necesidades tal y como deseas hacerlo. Puedes *orar* por ellos. Esto, por supuesto, no reemplaza el *tiempo* que pasas con ellos. Los hijos *te* necesitan más que cualquier otra cosa. Y necesitan que ores *con* ellos. Pero cuando tengas que separarte, dile a cada uno de tus hijos que estarás orando por ellos durante tu ausencia, y pregúntales cómo en específico quieren que ores. Entonces ora por ellos periódicamente durante el día, y sentirán tu presencia y la presencia de Dios. Esta es una dinámica poderosa.

También es bueno que ores con tu esposa por tus hijos. «Otra vez os digo, que si dos de vosotros se pusieren de acuerdo en la tierra acerca de cualquiera cosa que pidieren, les será hecho por mi Padre que está en los cielos» (Mateo 18:19). Si un hombre podría perseguir a mil, y dos hacer huir a *diez* mil (Deuteronomio 32:30), entonces orar por tus hijos, con tu esposa, es poderoso. Pídele a tu esposa que señale cualquier intuición que tenga de cada uno de tus hijos. Ella ve mucho más de lo que tal vez tú no tienes tiempo de observar. Ella conoce sus luchas, sus debilidades y puntos fuertes, y desea que tú también los conozcas. Saber que estás orando hará que tu esposa experimente una paz, una confianza y un gozo increíbles. No importa cuánta remuneración financiera recibas a lo largo de tu vida por el trabajo que desempeñas, el tiempo que inviertas orando a favor de tu esposa e hijos vale mucho más. De hecho, es inapreciable. Cuando oras por ellos, estás invirtiendo en el futuro de toda la familia, y haciendo tesoros en el cielo. Y en cuanto al valor del trabajo que desempeña tu *esposa* como madre de tus hijos, permíteme citar las letras de una canción que en cierta ocasión mi esposo escribió con Donna Summer. «Ella trabaja arduamente por el dinero que le corresponde, por lo tanto, trátala como es debido». ¡Ora, ora, ora!

ELLA DICE...

Por favor, ora para que tu esposa:

1. Tenga la guía de Dios para criar los hijos.
2. Tenga paciencia con cada hijo.
3. Ejerza sabiduría al disciplinar a sus hijos.
4. Les enseñe a los hijos sobre el Señor.
5. Sepa cómo orar por cada hijo.
6. Que sus hijos sean obedientes y la respeten.
7. Que sus hijos se levanten y la llamen bendecida.

ÉL DICE...

Por Steven Curtis Chapman

Steven es cantante y compositor. Él y Mary Beth, sus esposa, llevan dieciséis años de matrimonio y tienen cuatro hijos.

Aunque en nuestra relación, mi esposa y yo hemos experimentado muchos momentos de efectos poderosos por la oración, probablemente uno de los más profundos lo experimentamos en los últimos dos años. Nuestra hija Emily, que en aquel entonces tenía trece años de edad, comenzó a expresar el deseo de adoptar una hermanita. Por supuesto, le explicamos que para ella adoptar una hermanita, nosotros, como sus padres, tendríamos que adoptar otra hija. Aunque sentíamos un gran amor hacia el proceso de adopción, luego de experimentarlo al apoyar a varias parejas de amigos íntimos que adoptaron a varios hijos, mi esposa estaba bastante convencida de que nuestro papel estaría limitado a brindar apoyo y nada más. A mí, por otra parte, siempre me atrajo la idea de compartir el amor de nuestra familia con un pequeñín que con desesperación tuviera precisamente necesidad de eso... el amor de una familia. A menudo, mientras leía el capítulo uno en el libro de Santiago, donde el apóstol habla de cuidar a los huérfanos y a la viudas, me preguntaba cuáles serían las implicaciones de estos pasajes en mi vida.

La maternidad

En la primavera de 1999 me invitaron a cantar en un programa para recaudar fondos para una agencia de adopción que como pareja habíamos patrocinado durante dos años. Emily me acompañó, porque mi esposa estaba ocupada con nuestros hijos varones. Esa noche, Emily llegó a casa con las manos llenas de todo tipo de literatura informativa que pudo conseguir respecto al tema de la adopción, junto con un anuncio de la gran necesidad que había en la China de familias adoptivas. Con anterioridad, Mary Beth se había comprometido con Emily para leer cualquier cosa que esta trajera a la casa, aunque le aclaró muy bien que de ningún modo esto significaba que ella sintiera inclinación alguna al respecto. Y con esto, comenzaron las oraciones. Realmente ya habíamos estado orando, pero en definitiva Emily y yo las intensificamos. Yo tenía la profunda impresión de que aunque esto era algo por lo cual yo podía entusiasmarme y promover, iba a requerir que Dios obrara en el corazón de Mary Beth trayéndole paz y hasta el deseo de hacerlo.

La mayor preocupación de Mary Beth tenía que ver con el amor y la compasión. Creía que no podría amar a un hijo adoptado de la misma manera en que amaba a nuestros tres hijos. ¿Cómo iba ella a lidiar con esta posible discrepancia, y sería justo traer a un niño a este ambiente? Ella decía: «A veces casi no puedo cambiarle el pañal a uno de mis sobrinos. Es tan diferente cuando se trata de tu hijo. ¿Y qué va a pasar si me sintiera así tratándose de mi propio hijo?» Comenzamos con el proceso de llenar los documentos y encaminarnos en dirección de una adopción, pero muchas noches ella se acostaba en la cama y lloraba, diciendo que no sabía si en realidad podía continuar con el proceso hasta el final. Así que yo oré, y ambos oramos.

Por lo general, mis oraciones eran algo así: «Bueno, Padre, tú sabes que en el pasado hemos hecho cosas bastante locas, y quizás esta sea la más loca de todas. Me parece que esto es algo que tú continúas colocando en nuestro camino, y no quiero perderme lo que en tu plan perfecto tienes para nosotros. Pero si en realidad esta es tu voluntad para nosotros, tendrás entonces que revelárselo a Mary Beth, y darle fe para creerlo por sí sola. No creo que debo forzar este asunto ni incluso fomentar enérgicamente mi sentir. Ella sabe lo que pienso al respecto, y lo demás lo dejo en tus manos. Si esto es algo que no debemos hacer, no habrá problema alguno. Por favor, haz cumplir tu voluntad, y la obra que solo tú puedes hacer».

Y Él obró. Uno de estos días escribiremos un libro relatando la historia completa, pero por ahora, permítanme pasar por alto todos los detalles para contarles que el 16 del marzo del 2001, Emily, Caleb, Will Franklin y yo, fuimos a ver el desenlace de un verdadero milagro, en la vida real, que ocurrió frente a nuestros ojos. Por primera vez depositaron en brazos de Mary Beth un hermoso y diminuto bulto de vida que lleva por nombre Shaohannah, y no hubo ni una sombra de duda en sus ojos de que esta era *su* hija. De hecho, estoy seguro de que en aquel preciso instante, Mary Beth hubiera dado su vida por Shaohannah, al igual que la hubiera dado por cualquiera de nuestros otros hijos. Ahora es la misma Mary Beth quien les podría decir que le parece imposible creer que un día salieran de sus labios aquellas palabras de duda. Sí, Dios hizo lo que solo Él podía hacer, y estamos agradecidos de que lo hiciera. ¿Y sabes algo? ¡Los pañales no resultaron ser un problema!

ORACIÓN
DE **PODER**

Señor, te pido que ayudes a (nombre de la esposa) para que sea la mejor de las madres para nuestros hijos (nombre del hijo). Dale fuerzas y ayúdala a comprender que todo lo puede hacer por medio de Cristo que la fortalece (Filipenses 4:13). Dale paciencia, misericordia, bondad y discernimiento. Guarda su lengua para que las palabras que hable edifiquen y no sean palabras que insulten; palabras que traigan vida en vez de destrucción. Guíala en las decisiones que toma en cuanto a cada hijo. Por la autoridad que me otorgaste como creyente, esposo y padre, rompo toda rebelión o área de desobediencia que se levante como fortaleza en nuestros hijos (hijo) (Lucas 10:19). Específicamente levanto ante ti a (nombre del hijo). Ante ti traigo mi preocupación por (nombre de cualquier área de preocupación que tengas por ese hijo).

Señor, sé que sin tu ayuda no podemos criar a nuestros hijos con éxito. Por lo tanto, te ruego que quites de nuestros hombros la carga que tenemos con relación a la crianza, y que te unas a nosotros en su crianza. A mi esposa y a mí danos paciencia, fuerzas y sabiduría para capacitarlos, enseñarlos, disciplinarlos y cuidar de cada uno de ellos. Ayúdanos a entender las necesidades de cada hijo y saber cómo suplirlas. Danos discernimiento respecto a las cosas que permitimos entrar a nuestro hogar a través del televisor, libros, películas, juegos de video, revistas y actividades en la computadora. Revélanos y danos la habilidad de ver lo que tenemos que ver. Muéstranos tu perspectiva respecto a la particularidad de cada hijo y su potencial para alcanzar grandeza. Danos equilibrio entre la sobreprotección y el permitir que nuestros hijos experimenten la vida demasiado pronto.

Si nosotros, siendo malos, sabemos darles buenos regalos a nuestros hijos, ¿cuánto más tú, nuestro Padre que estás en los cielos, nos darás buenas cosas cuando te lo pedimos? (Mateo 7:11). Así que, te pido que los dones de inteligencia, fortaleza, talento, sabiduría y piedad estén en nuestros hijos. Protégelos de todo accidente, enfermedad o influencia maligna. Que ningún plan del enemigo pueda lograr éxito en sus vidas. Ayúdanos a criar a nuestros hijos (hijo) para que sean obedientes y respetuosos con nosotros dos, y a tener un corazón que te siga a ti y a tu Palabra. Te pido que mi esposa halle satisfacción, contentamiento y gozo como madre y que al mismo tiempo nunca pierda de vista quién es ella en ti.

HERRAMIENTAS DE PODER

Se levantan sus hijos y la llaman bienaventurada;
y su marido también la alaba.
Proverbios 31:28

He aquí, herencia de Jehová son los hijos;
cosa de estima el fruto del vientre.
Salmo 127:3

No trabajarán en vano, ni darán a luz para maldición;
porque son linaje de los benditos de Jehová,
y sus descendientes con ellos.
Isaías 65:23

Derrama como agua tu corazón ante la presencia
del Señor; alza tus manos a él implorando
la vida de tus pequeñitos.
Lamentaciones 2:19

Por este niño oraba, y Jehová me dio lo que le pedí.
1 Samuel 1:27

Capítulo Cinco

SU
ESTADO DE ÁNIMO

Sé lo que estás pensando. Te estás preguntando por qué no incluí «Su estado de ánimo» en el capítulo titulado «Sus emociones». La razón es que el capítulo sobre las emociones es bastante concreto. Las emociones sólidas e identificables tienen nombres como depresión, tristeza, ansiedad o ira. Los estados de ánimo a los que aquí me refiero son mucho más difíciles de precisar. Son muy difíciles de reconocer, identificar o entender. De hecho, estos pueden llegar a manifestarse de una manera tan nebulosa, inesperada, no justificada o irracional, que muchos esposos están renuentes a aventurarse en este insondable territorio para tratar de entender sus causas. Pero me gustaría intentar una explicación sobre los estados de ánimo de la mujer que te ayudaría a comprenderlo, y quién sabe si hasta llegaría a tener *sentido* para ti.

En primer lugar, recuerda que en la mente y alma de tu esposa continuamente se lleva a cabo un proceso, que el esposo no sospecha y está completamente ajeno como tal vez lo estén todos los que la rodean. Lo que está sucediendo es que todos sus pensamientos, temores, hormonas, responsabilidades, recuerdos de ofensas pasadas, la cantidad de sueño que logró conciliar la noche anterior, los planes del diablo para su vida, todo su pasado y la manera en que su cabello se esté comportando ese día, compiten simultáneamente por su atención. Cuando todas estas cosas convergen al mismo tiempo, es insoportable. No importa qué pudo ocurrir unos breves minutos antes, o la última vez que dialogaste con ella. Eso fue *entonces*. Esto está sucediendo *ahora*. Esta situación tal vez te tome por sorpresa porque no estabas al tanto del proceso. Pero no te sientas mal al respecto, ya que ni siquiera tu esposa podría reconocerlo.

Procura entender que como hombre, tienes necesidades que son sencillas, claras y definidas tales como la comida, el sexo, el éxito, el reconocimiento y el recreo. Tu esposa, por otro lado, es un ser complejo. Sus necesidades son tan difíciles de entender que ni ella misma puede encontrar las palabras adecuadas para explicártelas. Solo Dios, el Creador, puede entenderla completamente.

Solo su ciclo hormonal está por encima de toda comprensión. Una mujer puede estar emocionalmente sensible los días antes, durante y después de su ciclo mensual. Esto deja unos tres días en el medio cuando está normal, y en uno de esos días está ovulando, lo cual quiere decir que nadie puede predecir cómo va a estar su ánimo ese día. Así que yo calculo que un hombre tiene dos días buenos en los cuales está a salvo. Además de esto, si hay algún tipo de tensión en su vida, si su esposo está demasiado ocupado para atenderla, si ella tiene más de treinta años de edad y siente que la vida le está pasando por el lado antes de ver cumplido todos sus sueños, si sus hijos son pequeños y la necesitan a cada segundo, si sus hijos ya están crecidos y no la necesitan como solían hacerlo, si ella es creativa y al momento no tiene cómo expresarlo, si aumentó de peso o si el diablo le está diciendo que no tiene propósito alguno, entonces la atmósfera en ella y a su alrededor podría estar cargada de una abrumadora frustración. Parece imposible lidiar con todo esto.

Si alguna vez descubres que este fenómeno le está ocurriendo a tu esposa, te recomiendo que no digas: «¿Y *ahora* qué es lo que te sucede?»

Sería mejor orar: «Señor, revélame qué le sucede a mi esposa, y muéstrame qué puedo hacer al respecto».

Entonces dile a tu esposa: «Dime qué está sucediendo dentro de esa hermosa cabecita tuya».

Posiblemente ella no pueda expresar con palabras nada que para ti sea remotamente comprensible, pero lo importante es que ella vea que estás escuchando. Si ella te dice que cree ser horrible y que no entiende qué ves en ella, no asientas a su declaración. Si te dice que no ha olvidado las veces que la defraudaste, no lo niegues. Si te dice que a veces siente ganas de salir corriendo o de matar a alguien, abrázala y dile: «¿Cómo puedo ayudarte a identificar una opción más viable?»

Entonces, procura hacer lo imposible por evitar que tus ojos se pierdan en el espacio. No le eches un vistazo a tu reloj ni al control remoto del televisor. No permitas que tu cabeza se incline en dirección del lugar donde está el periódico o cualquier proyecto en el que estés trabajando. Y por encima de todo, evita pensar en otras cosas *más importantes* que podrías estar haciendo. Las mujeres poseen una habilidad especial para identificar esto a cincuenta metros de distancia.

Los siguientes consejos te podrían ayudar a navegar con éxito sobre estas aguas, incluyendo algunas frases muy buenas que siempre funcionan. Díselas a tu esposa en cualquier orden y después ora por ella:

1. «Te amo».
2. «Para mí eres la mejor mujer en todo el mundo».
3. «Eres hermosa cuando estás enojada». (Tal vez no debes usar «enojada». «Molesta» podría ser una mejor opción.)
4. «Dime lo que tienes en mente, y te prometo que no me voy a enojar».
5. «¿Cómo te defraudé?»
6. «¿Cómo te puedo compensar?»
7. «¿Dormiste lo suficiente?»
8. «¿Qué te haría feliz en este momento?»
9. «No tengo todas las respuestas, pero Dios sí las tiene».
10. «¿Quieres que oremos juntos al respecto?»

Todo este proceso, incluyendo la oración, tomaría menos de quince minutos de completa atención de tu parte, y disipará el poder de todas las fuerzas que convergen. ¡Qué pequeña inversión de tiempo y qué grandes recompensas obtendrás!

Cualquier cosa que hagas, no le preguntes a tu esposa: «¿Llegó otra vez ese tiempo del mes?» Ella no desea echar a un lado su sufrimiento ni que se explique con tanta facilidad. Aunque se trate exactamente de eso, ahora ella no es capaz de verlo así. Y de nada servirá tratar de forzar el asunto.

En medio de las complejas manifestaciones del estado de ánimo de tu esposa, un sencillo mensaje saldrá a la luz. Podría ser un gemido que reclame intimidad. Podría ser el deseo de ser reconocida y apreciada. Quizá sea un profundo anhelo para sentirse segura de que todo va a estar bien. Pídele a Dios que te ayude a escuchar el mensaje, y que te muestre cómo orar al respecto.

ELLA DICE...

Por favor, ora por tu esposa para que:

1. Experimente la paz de Dios.
2. No se deje dominar por los cambios en su estado de ánimo.
3. Sus niveles de hormona estén nivelados.
4. Pueda expresarte abiertamente sus sentimientos.
5. Crea que la amas.
6. Puedas oír y escuchar lo que te está diciendo.
7. Dependa más del Señor.

ÉL DICE...

Por Michael Harriton

Michael es músico y compositor. Él y Terry, su esposa, llevan veintitrés años de matrimonio y tienen tres hijos adultos.

Caballeros, cuando una esposa grite a todo pulmón: «¡No me toques!» y apague las luces del dormitorio luego de acostarse a las 7:00 p.m., lo que en realidad está queriendo decir es: «¡No me dejes. Ven a buscarme. Rescátame. Ayúdame!» Y si ella retira su mano cuando tratas de tocarla, eso quiere decir: «Sigue tratando, por favor. Está funcionando. Sigue la pista de la depresión y de las malas vibraciones. Encuéntrame y rescátame».

Su estado de ánimo

Mi hermosa y talentosa esposa recoge lo que dejo tirado, cumple con sus grabaciones en el estudio, da clases de canto, hace mis mandados, prepara cenas saludables estilo «gourmet», mantiene la casa impecable, lava la ropa, atiende a mis clientes, sirve en la iglesia, ¡y aun así se las ingenia para lucir deslumbrante como la novia con quien siempre soñé! Pero en ciertos días no se requiere de mucho para que se desorbite emocionalmente. Y por lo general, la culpa es mía. Hago algo como enojarme con ella porque mis medias favoritas de pronto, en la gaveta, se convirtieron en huérfanas.

En días como esos, mi esposa ha pensado escaparse de casa, hacerse miembro de un circo o del programa espacial, o comprar un boleto sin regreso hacia una isla remota. Así me lo ha confesado. Un día en particular me acerqué a ella, y se alejó de mí como si yo tuviera una enfermedad contagiosa. Lo volví a intentar, y en esta ocasión los resultados solo mejoraron un poco. (¿Acaso las mujeres van a una escuela para aprender estas cosas?) Finalmente ella dijo: «¡NO soy hermosa. NO soy talentosa. NO sirvo para nada, nadie me quiere, y en NINGÚN SITIO hay LUGAR para mí! Soy una gran desilusión. Soy una fracasada. ¿Qué es lo que ves en mí?»

Caballeros, cuando escuchen preguntas difíciles como estas, luchen con todas sus fuerzas para reaccionar de manera positiva. Tal vez te esté probando. Pasa la prueba con notas excelentes recitando una larga lista de sus cualidades, y luego ora por ella. Cuando recuerdo hacerlo, y doy las excusas necesarias, siempre funciona.

ORACIÓN DE **PODER**

Señor, te ruego por (nombre de la esposa) y te pido que calmes su espíritu, que calmes su alma, y que en el día de hoy le des paz. Calla todas las voces del enemigo que procuran atraparla con sus mentiras. Ayúdala a llevar «cautivo todo pensamiento» para que no la engañen (2 Corintios 10:5). Donde haya error en su pensamiento, te pido que se lo reveles y que la vuelvas a encaminar. Ayúdala a solo escuchar tu voz. Llénala de tu Espíritu Santo y quita de ella cualquier cosa que no venga de ti.

Trae perfecto equilibrio a su cuerpo para que no se descontrole como una montaña rusa. Dale tranquilidad interna, y que esta prevalezca por encima de lo que esté ocurriendo a su alrededor. Permítele ver las cosas desde tu perspectiva, para que pueda apreciar plenamente todo lo bueno que hay en su vida. No permitas que la cieguen las dudas y los temores. Muéstrale el panorama más amplio, y enséñala a distinguir entre lo que es de valor y lo que carece de importancia. Ayúdala a reconocer las respuesta a sus oraciones. Muéstrame cómo puedo convencerla de que la amo, y ayúdame a demostrárselo de maneras que ella lo perciba.

Señor, sé que «a paz nos has llamado» (1 Corintios 7:15). Ayúdanos a escuchar tal llamado, y a vivir en la paz que sobrepasa todo entendimiento. A mi esposa le digo: «Que la paz de Dios reine en tu corazón» y «sé agradecida» (Colosenses 3:15).

HERRAMIENTAS DE PODER

Porque así dice Jehová: He aquí que yo extiendo
sobre ella paz como un río.
Isaías 66:12

En verdad que me he comportado
y he acallado mi alma.
Salmo 131:2

Sigue la justicia, la fe, el amor y la paz, con los que
de corazón limpio invocan al Señor.
2 Timoteo 2:22

Por la noche durará el lloro,
y a la mañana vendrá la alegría.
Salmo 30:5

Y la paz de Dios, que sobrepasa todo entendimiento,
guardará vuestros corazones y vuestros
pensamientos en Cristo Jesús.
Filipenses 4:7

Capítulo Seis

SU
MATRIMONIO

Hasta los ocho años de edad a mí me criaron en una granja y rancho de vacas. Allí producíamos *todos* los alimentos que necesitábamos. Una tormenta muy severa destruyó todo nuestro ganado el invierno antes de yo cumplir los nueve años de edad. A la siguiente primavera, el granizo destruyó toda nuestra cosecha. Tuvimos una pérdida total. Al llegar el verano, mi padre decidió que la crianza del ganado y la agricultura eran trabajos demasiado arduos, y entonces nos mudamos a la ciudad y a lo que parecía ser una vida mucho más fácil.

Una de las cosas principales que aprendí de mi vida en la granja fue el cuidado que debes tener al plantar y atender un huerto, especialmente cuando tu vida depende de lo que este produzca. Si no logras obtener una buena cosecha, no habrá alimentos para comer.

Aprendí, que si deseas que algo crezca en tu huerto, tienes que comenzar con un buen terreno. De la misma manera que no puedes construir una casa sin el cimiento, tampoco puedes tener un huerto productivo y lleno de vida, sin un terreno que sea bueno. Lo próximo que aprendí es que debes tener buenas semillas. Lo que vas a cosechar en tu huerto dependerá de las semillas que siembres, así que necesitas plantar lo que deseas recoger durante el tiempo de la cosecha. Una vez que siembres el huerto, tienes que irrigar las semillas con mucho cuidado, tienes que ser diligente para sacar la hierba mala que crece alrededor de los retoños que broten, y debes estar al tanto de los insectos dañinos, del mal tiempo y otras condiciones que puedan destruirlos.

Tu matrimonio es como un huerto. Por medio de la oración el terreno se enriquece. Entonces, tienes que sembrar las semillas adecuadas, buenas semillas de amor, fidelidad, respeto, tiempo y comunicación.

Semillas de amor

Las semillas de amor son una de las más fáciles de plantar, y crecen tan rápido que a veces puedes ver los resultados instantáneamente. Si nuestro cónyuge planta semillas de amor, entonces la esperanza, la paz y la felicidad crecerán en nosotros. Estas cosas nos darán valor para enfrentar nuestros temores, fracasos e incapacidades. Tales cosas nos dan las fuerzas para ponernos en pie y resistir toda oposición.

Por supuesto, tendrás que eliminar cualquier cosa que esté creciendo en tu huerto, y que no deba estar allí. Eliminar la malas hierbas no es el aspecto más divertido de la jardinería, pero es una de esas tareas necesarias que deben realizarse. Si permitimos que la malas hierbas de las heridas, la disensión, los malentendidos, las críticas, el egoísmo y el enojo florezcan en el jardín del matrimonio sin sacarlas de raíz, estas ahogarán cualquier cosa buena que hayamos plantado. Si se plantan las semillas del desamor, nos secamos, y por dentro comenzamos a morir lentamente. A veces, un huerto puede tener apariencia de huerto, pero por dentro las plantas están muertas. Solo que no se han caído todavía. Esto también suele suceder en el matrimonio. Se ven muy bien en el exterior, pero por dentro están muertos. Esto no cumple con el plan de Dios para nuestras vidas y en verdad tampoco lo glorifica.

Si tú y tu esposa no producen suficiente amor para permitir que cada uno crezca y llegue a ser aquello para lo cual Dios los creó, entonces esta relación se debe examinar en busca de malas hierbas de egoísmo, temor, orgullo, control, o cualquier otra mala hierba de la carne que esté impidiendo tal crecimiento. Si en tu matrimonio tienes problemas serios, debes saber que cuando oras, Dios obra milagros. En un instante Él puede cambiar los corazones y las perspectivas. Puede sacar de raíz las semillas del pecado, resucitar el amor de donde se enterró y hacer que no tan solo crezca otra vez sino que florezca.

La Biblia dice: «El amor sea sin fingimiento. Aborreced lo malo, seguid lo bueno» (Romanos 12:9). Aférrate a lo que es bueno en tu matrimonio, con toda la sinceridad de tu corazón. Rechaza lo que el enemigo pretenda sembrar allí. Ora pidiéndole a Dios que te muestre cómo plantar *nuevas* semillas de amor incondicional. (Un huerto se debe volver a plantar cada año.) Con el cuidado y la atención adecuada, tales semillas de amor producirán una gran cosecha.

Semillas de fidelidad

Para que un jardín no llegue a convertirse en un bufé de ensalada para los animales hambrientos, es necesario cercarlo para que estos se mantengan alejados. De igual manera, en el matrimonio se establecen linderos para protegerlo. Si no vigilamos esos linderos con seguridad nos robarán algo. Muchas veces, las personas descuidadas plantan semillas fuera de sus linderos y lo que crece atrae la atención de criaturas que se acercan para devorarlas. Esperan fuera del huerto y si por falta de mantenimiento la valla se derrumba, encuentran la forma de abrirse camino por el lugar más débil. Cuando plantamos semillas de infidelidad, echamos al piso los linderos e invitamos a entrar a criaturas de presa.

Una amiga cristiana muy querida tenía un esposo que plantó semillas de infidelidad fuera del huerto de su matrimonio. Esto atrajo a una criatura de presa que estaba hambrienta por usurpar el control de dicho huerto. El hombre y esta criatura esparcieron sus semillas en campos que no eran los suyos: Semillas de mala hierba y espinos de entre los cuales nada bueno podrá crecer jamás. A la larga, esto no solo destruyó uno sino dos huertos matrimoniales, y nunca fue posible recuperar lo que se había perdido.

Todo el mundo es tentado a sembrar fuera de su propio huerto. Los que resisten, y en su lugar plantan a propósito semillas de fidelidad, recogen una cosecha abundante. Aunque tengas el matrimonio más perfecto sobre la faz de la tierra, el enemigo siempre intentará derrumbar la valla y de una u otra manera causará grande destrucción. El diablo siempre buscará los medios de atrapar a uno de ustedes dos. Es por eso que el terreno de tu matrimonio nunca será tan perfecto y bueno que no necesite enriquecerse mediante la oración. Si pensamos que nuestro matrimonio es tan sólido que no necesitamos orar al respecto, estaremos decepcionados. «Así que, el que piensa estar firme, mire que no caiga» (1 Corintios 10:12).

Ora para que Dios te proteja a ti y a tu esposa de plantar cualquier cosa de la cual tengan luego que arrepentirse. Ruégale que te muestre cómo plantar semillas de fidelidad y construir una valla sólida que sea la envidia de todos tus vecinos.

Semillas de respeto

Una de las principales razones por la cual fracasan los matrimonios es porque el esposo o la esposa no procuran el bienestar del otro. La Biblia dice: «Ninguno busque su propio bien, sino el del otro» (1 Corintios 10:24). Cuando en nuestro matrimonio sembramos semillas de falta de respeto, no estamos buscando el bienestar del otro, y como resultado segaremos una gran cosecha de amargura y disensión. Desear el bienestar de nuestro cónyuge por encima del bienestar propio, no solo es algo muy difícil sino que es sencillamente imposible hacerlo en una forma constante, si el Espíritu Santo no nos capacita. Es por eso que debemos orar por ello.

Porque eres un querido hermano en la fe, quiero confiarte algo que las mujeres casi nunca les dicen con palabras a sus esposos. Y es lo siguiente, tu esposa no desea ser tu madre, ni tampoco desea ser tu sirvienta. Lo primero hará que *ella* pierda todo respeto por *ti*; y lo segundo la hará sentir que *tú* has perdido todo respeto hacia *ella*. Sé que son innumerables las cosas que tu esposa hará, que también harán una madre o una sirvienta. Pero si tales expectativas llegan a convertirse en una actitud de tu parte que refleja un estilo de vida, ella comenzará a pensar en ti como un niño o como un jefe, y esto afectará adversamente la relación. Mientras más se sienta tu esposa como tu madre o tu sirvienta, menos habrá de sentir como tu amante. Ruégale a Dios que te ayude a ver las cosas desde la perspectiva de tu esposa, y que te muestre cómo sembrar semillas de respeto en tu matrimonio.

Semillas de tiempo

No podrás tener un huerto exitoso si no inviertes suficiente tiempo atendiéndolo. Requiere de muchas horas para sembrar, irrigar, alimentar, cuidar y cosechar. En los matrimonios que han logrado éxito, los esposos y sus esposas pasan tiempo juntos y a solas. Si el horario de ambos les impide pasar tiempo a solas, el uno con el otro, significa que están demasiado ocupados. Necesitan pasar tiempo para dialogar, resolver asuntos, compartir sueños e intereses mutuos, o simplemente estar juntos en silencio y compartir momentos de intimidad sin apuros. Sé que en la vida de cada cual hay temporadas que son especialmente ocupadas. Pero cuando las ocupaciones se convierten en un estilo de vida, tienes que considerar exactamente lo que estás sembrando. Ora para que Dios les ayude a sembrar juntos semillas de tiempo.

Semillas de comunicación

Las palabras son como las semillas. Comienzan pequeñas y crecen hasta convertirse en algo grande. Si una persona siembra semillas de ira, indiferencia, crítica, impaciencia o falta de sensibilidad en el matrimonio, el fruto de tales palabras será la falta de intimidad y calor humano, falta de armonía y unidad y el enmudecimiento de la alegría y el gozo. Estas semillas pueden crecer hasta convertirse en algo tan grande como para sofocar todo lo que esté a su alrededor.

Uno de los problemas mayores en el matrimonio es la falta de comunicación. Las esposas dicen: «Realmente mi esposo no escucha lo que digo. Él no escucha». Los esposos dicen: «Mi esposa no me comprende. Ella mal interpreta la cosas que digo».

Esto sucede así porque las mujeres y los hombres piensan en forma muy diferente. Es una de las maneras de completarnos mutuamente. Si un hombre y una mujer ven las cosas desde diferentes perspectivas, entonces es razonable que le pidan a Dios que los ayude a ambos a ver las cosas desde *Su* perspectiva. De esta manera pueden apreciarla juntos, desde un mismo punto de vista.

En el huerto de la relación matrimonial siempre habrá una temporada de cosecha. «Todo lo que el hombre sembrare, eso también segará» (Gálatas 6:7). Si no nos gusta el fruto que estamos cosechando, entonces es muy probable que sea tiempo de sembrar otro tipo de semilla. Las semillas se siembran por medio de las acciones, pero la mayoría de las veces con palabras, y cuando un esposo y una esposa no pueden comunicarse eficientemente por medio de sus palabras, cosas muy malas comienzan a crecer.

Si las semillas/palabras inapropiadas ya se sembraron en tu matrimonio, y las malas hierbas se apresuran a estrangularlas dejando sin vida tu relación matrimonial, debes saber que Dios te dio la herramienta de la oración para desarraigarlas. Llega al fondo de todo aquello que veas creciendo fuera de control, tal como la amargura, el enojo o la falta de perdón, y ora para que las mismas se desentierren y desechen.

El matrimonio se puede parecer al cielo o podría parecerse al infierno. Para la mayoría de las personas está en algún sitio en el medio de ambos. Y esto es así porque no es nada fácil llegar a ser uno con otra persona, aunque esa persona sea la que Dios creó especialmente para ti. Se requiere de mucho crecimiento. Pero no tiene nada que ver con el hecho de que nuestro cónyuge crezca a *nuestra* imagen, sino más bien conque ambos, el esposo y la esposa, crezcan juntos a la imagen de *Dios*.

Dios puede hacer que un esposo y una esposa crezcan juntos de forma tal que los dos sean más compatibles mientras permite que ambos desarrollen sus talentos individuales y retengan su carácter único. El matrimonio no necesita ser sofocante, forzando a las dos personas a perder todo su individualismo. Por el contrario, puede brindar el ambiente perfecto para que los dones de cada persona se desarrollen a plenitud. Cuando en una relación matrimonial ambas personas se relacionan entre sí, tal y como Dios lo desea, se produce como resultado una plena satisfacción del propósito individual, que de otra manera no sucedería. A través de la oración, cada uno puede *liberar* al otro, en vez de controlar; *estimular*, en vez de condenar.

Dios no va a bendecir nuestra desobediencia. Él no aprueba que en el huerto de una relación matrimonial se le dé rienda suelta al egoísmo, el engaño, la disensión, la falta de atención y la crueldad. Cuando tratamos a nuestro cónyuge de una manera que está por debajo de lo que Dios desea para nosotros, no solo nos estamos rebelando en contra del Señor, sino que también estamos obrando en contra de lo que Dios desea se cumpla en nosotros como individuos y como pareja.

Ruégale a Dios que te ayude a ti y a tu esposa a apreciar sus diferencias. Pídele que te muestre en qué áreas se complementan mutuamente. ¿Es uno de ustedes fuerte donde el otro es débil? Lo que en verdad diseñó Dios como nuestra mayor bendición, con frecuencia puede convertirse en un motivo de irritación porque no le pedimos a Dios que nos permita verlo desde *su* perspectiva. ¿Dice o hace tu esposa algo que te molesta? Díselo a Dios en oración. Él te enseñará cómo debes orar.

El divorcio no ocurre porque las personas no deseen que sus matrimonios se arreglen. Casi siempre es porque el esposo o la esposa cree que las cosas nunca van a cambiar. Pídele a *Dios* que cambie lo que en ti o en ella es necesario cambiar. Aunque parezca que el daño causado en tu matrimonio es irreparable, y que tu huerto se arruinó más allá de toda esperanza, debes saber que Dios puede y quiere obrar un milagro. No tenemos ni la más mínima idea de todas las cosas maravillosas que Dios hace a favor nuestro cuando nos humillamos, y amamos a Dios lo suficiente como para vivir en su voluntad (1 Corintios 2:9). Esto nunca es más cierto que en el matrimonio.

A través de la oración puedes invitar a la luz del Señor para que ilumine y le dé vida al huerto de tu matrimonio. Entonces brotarán capullos, florecerán, alcanzarán su plenitud y crecerán hasta producir una gran cosecha de gozo y realización para ambos.

ELLA DICE...

Ora por tu matrimonio para que:

1. Crezca el amor entre tú y tu esposa.
2. Tú y tu esposa resistan la tentación de extraviarse.
3. Practiquen el respeto mutuo.
4. Ninguno de los dos viva vidas separadas.
5. Sean amigos y amantes.
6. Colaboren juntos como un equipo.
7. No haya un divorcio en su futuro.

ÉL DICE...

Por Michael Omartian

«Cordón de tres dobleces no se rompe pronto» (Eclesiastés 4:12). Este verso fue como el «maná» para Stormie y para mí durante unos momentos difíciles en nuestro matrimonio. Parecía que con frecuencia nuestras dificultades brotaban de circunstancias superficiales, pero el enemigo de nuestras almas estaba dispuesto a usar cualquier cosa con tal de destruir el cordón de tres dobleces que nuestro matrimonio representaba. Las confrontaciones, las discusiones y nuestro intento por razonar el uno con el otro nunca produjeron el resultado deseado. Lo único que nos dio resultado fue orar juntos. Pero el obstáculo que tuvimos que enfrentar fue inmenso.

La oración requiere que olvidemos nuestra agenda y que dejemos a Dios establecer la suya. En muchas ocasiones la oración me hizo enfocar la atención no en la necesidad de ver a Stormie cambiar y adaptarse a mis deseos, sino por el contrario cómo *yo* debía cambiar y adaptarme mejor a los deseos de *ella*. ¡El ego no tolera algo así muy fácilmente! Pero a través de la oración hemos hecho los cambios necesarios y resuelto nuestros asuntos. Hasta el día de hoy llevamos veintiocho años de matrimonio, y no puedo imaginarme a ninguna otra persona como mi compañera. Nuestros problemas solo encuentran solución cuando ella y yo nos unimos a Dios para resolverlos. Este cordón de tres dobleces no se romperá con facilidad.

ORACIÓN
DE *PODER*

Señor, te ruego que establezcas en mí y en (nombre de la esposa), lazos de amor que no se puedan quebrantar. Muéstrame cómo amar a mi esposa de una manera cada vez más profunda y que claramente ella pueda percibir. Que sintamos una admiración y un respeto mutuo que nos permita llegar a ser y permanecer como los mejores amigos, campeones y un apoyo inquebrantable del uno para el otro. Donde el amor haya disminuido, se haya perdido, destruido o enterrado bajo el peso de las heridas y el desencanto, restáuralo en nuestros corazones. Danos las fuerzas para aferrarnos a las cosas buenas de nuestro matrimonio, incluso en aquellos momentos cuando uno de los dos deje de sentir amor.

Permite que mi esposa y yo nos perdonemos pronto y por completo. En específico te presento (menciona cualquier área que necesite perdón). Ayúdanos a ser bondadosos y compasivos unos con otros, y a perdonarnos mutuamente, así como tú nos perdonaste en Cristo (Efesios 4:32). Enséñanos a pasar por alto las ofensas y las debilidades del otro. Danos un sentido del humor, en especial cuando lidiamos con los asuntos difíciles de la vida.

Únenos en nuestra fe, creencias, normas de moralidad y mutua confianza. Ayúdanos a ser de una misma mente, a andar juntos en armonía y a llegar con prontitud a un mutuo acuerdo respecto a las finanzas, nuestros hijos, cómo invertimos el tiempo y cualquiera otra decisión que necesitemos tomar. Cuando estemos en desacuerdo y esto cause disensión, te ruego que nos vuelvas a unir en un mismo modo de pensar. Ajusta nuestras perspectivas para que estén de acuerdo con las tuyas. Que nuestra comunicación sea abierta y honesta con el fin de evitar malentendidos.

Permite que tengamos la gracia de ser tolerantes con las faltas del otro, y que al mismo tiempo estemos dispuestos a cambiar. Te ruego que no vivamos vidas por separado, sino que caminemos juntos como un equipo. Que nunca olvidemos separar tiempo para estar juntos, y así nuestro matrimonio será una fuente de felicidad, paz, y gozo para ambos.

Señor, te ruego que protejas nuestro matrimonio de todo aquello que pretenda destruirlo. Aleja de nuestras vidas a cualquiera que pretenda interponerse entre ambos o que pueda tentarnos. Ayúdanos a reconocer y a resistir de inmediato la tentación cuando esta se presente. Te pido que ninguna otra relación que alguno de los dos tenga o haya tenido en el pasado, nos robe nada a nuestra relación presente. Corta de nuestras vidas toda relación de índole inmunda. Que en nuestro futuro nunca haya adulterio o divorcio que pueda destruir lo que tú, Señor, uniste. Ayúdanos a nunca descartar por completo nuestra relación solo porque se haya desarrollado un aspecto que no esté funcionando. Te ruego que nos volvamos hacia ti, el Diseñador, para que lo compongas y lo hagas funcionar como debe.

Enséñanos a buscar primero el bien del otro, tal y como lo ordenas en tu Palabra (1 Corintios 10:24). Deseamos que permanezcas en el centro de nuestro matrimonio y a no esperar del otro lo que solo tú puedes darnos. Abre nuestros ojos para que cualquiera de nosotros vea las expectativas no realistas que tengamos. Que nunca vacilemos en nuestro compromiso y devoción hacia ti y del uno por el otro, para que este matrimonio llegue a ser todo aquello para lo cual lo creaste.

HERRAMIENTAS DE PODER

Mejores son dos que uno; porque tienen mejor paga
de su trabajo. Porque si cayeren, el uno levantará a su
compañero; pero ¡ay del solo! que cuando cayere,
no habrá segundo que lo levante.
Eclesiastés 4:9,10

Si dos de vosotros se pusieren de acuerdo en la tierra
acerca de cualquier cosa que pidieren, les será
hecho por mi Padre que está en los cielos.
Mateo 18:19

Cualquiera que repudia a su mujer y
se casa con otra, comete adulterio contra ella.
Marcos 10:11

Guardaos, pues, en vuestro espíritu, y no seáis desleales
para con la mujer de vuestra juventud.
Malaquías 2:15

Amaos los unos a los otros con amor fraternal;
en cuanto honra, prefiriéndoos los unos a los otros.
Romanos 12:10

Capítulo Siete

SU SUMISIÓN

Someterse es un verbo. La *sumisión* es una acción voluntaria. Esto significa que es algo que *nosotros mismos* hacemos. No es algo que obligamos a *otra persona* hacer. De la misma manera que no podemos forzar a una persona a que nos ame, tampoco podemos forzarla a ser sumisa a nosotros. Por supuesto, podemos *lograr* que tal persona haga lo que queremos, pero eso no es verdadera sumisión.

La sumisión es una *decisión* propia. Es algo que cada uno de nosotros debe decidir hacer. Y esta es una decisión que en primer lugar sucede en el corazón. Si no *decidimos en nuestro corazón* que nos vamos a someter voluntariamente a quienquiera que sea la persona a la cual debemos someternos, entonces no nos estamos sometiendo realmente.

Tal vez esto sea algo sorprendente para ti, pero una gran mayoría de las esposas que participaron en mi encuesta dijeron que *deseaban* someterse a sus esposos. Ellas *desean* que sus esposos sean la cabeza del hogar, y no tienen deseo alguno de usurpar la posición de liderazgo que Dios les otorgó. Saben lo que dice la Biblia al respecto, y las esposas que tienen discernimiento quieren hacer la voluntad de Dios, porque reconocen que los métodos de Dios dan mejores resultados.

Sin embargo, a menudo surgen problemas en esta área porque la esposa teme someterse a su esposo por dos razones:

❖ Razón #1. Su esposo piensa que la sujeción es solo un nombre, y la usa como un arma.

❖ Razón #2. Su esposo, en lo profundo del corazón, no tomó la decisión de someterse plenamente a Dios.

¡Está bien, está bien! Reconozco que Dios no dijo que el esposo debe ser digno para que una esposa se someta a su esposo. La sumisión tiene más que ver con confiar *en Dios* antes que en el hombre. Pero una esposa decide con más facilidad someterse a su esposo, si sabe que él decidió someterse al Señor. Esto le mostrará que es seguro someterse a él. Y la meta aquí es *ayudarla*, y no obligarla a alinearse como es debido.

Para muchas esposas es difícil confiar en que su esposo está escuchando la voz de Dios, si él la trata de una manera que no aparenta estar sumiso a Dios. Las esposas saben que después del versículo que dice: «Las casadas estén sujetas a sus propios maridos, como al Señor» (Efesios 5:22), la Biblia dice: «Maridos, amad a vuestras mujeres, así como Cristo amó a la iglesia, y se entregó a sí mismo por ella» (v. 25). Cristo no descuida, pasa por alto, menosprecia ni abusa a la iglesia. Él no la trata con rudeza o falta de respeto. Él nunca actúa hacia ella con arrogancia o insensibilidad. Ni tampoco la critica ni la hace sentir como carente de valor. Por el contrario, la ama, la protege, le provee y la cuida. Así que, mientras que Dios le da al esposo una posición de liderazgo con relación a su esposa, también requiere de él un precio de sacrificio personal.

La gran interrogante en la mente de muchas mujeres es: «Si soy sumisa a mi esposo, ¿me convertiré en una alfombra para que él me pise?» La respuesta a tal pregunta depende por completo en si su esposo cree que debe amar a su esposa como Cristo ama a la iglesia y está dispuesto a sacrificarse por ella, o piensa que la sumisión es un nombre y es algo que él se merece. En otras palabras, ¿él solo considera *sus* palabras y opiniones, y la excluye a *ella* por completo?

Si la esposa no confía plenamente en que de todo corazón el esposo le proporcionará bienestar durante el curso de sus vidas juntos, será muy difícil para ella entregarle al esposo las riendas de su vida. Ella enfrentará problemas al acatar sus decisiones cuando él rehúsa tomar en consideración sus pensamientos, sentimientos y perspectivas al respecto. Y si en el pasado ella fue sumisa a un varón y por alguna razón la confianza fue violada, para ella será aun más difícil someterse y confiar ahora.

Su sumisión

Por otro lado, una mujer hará cualquier cosa por un hombre que la ame como Cristo ama a su iglesia. Bajo tales condiciones, la sumisión es fácil. Conozco varias mujeres que están casadas con hombres inconversos y no tienen ningún problema en someterse a sus esposos, porque en cada caso el esposo ama a su esposa como Cristo ama a la iglesia, aunque no conozca a Cristo.

Muchas veces las personas confunden «sumisión» con «obediencia». Pero no es la misma cosa. La Biblia da órdenes respecto a obedecer a otras personas solo con relación a los hijos y los esclavos, y en el contexto de la iglesia local. «Hijos, obedeced en el Señor a vuestros padres, porque esto es justo» (Efesios 6:1). «Siervos, obedeced a vuestros amos terrenales» (Efesios 6:5). «Obedeced a vuestros pastores, y sujetaos a ellos; porque ellos velan por vuestras almas, como quienes han de dar cuenta» (Hebreos 13:17). Ya que una esposa ni es hija de su esposo ni su sierva, y la iglesia local no forma parte de un matrimonio, la palabra «obedecer» no aplica a la relación entre un esposo y su esposa.

Sumisión significa «someterte tú mismo». Por consecuencia, cuando un esposo *demanda* sumisión por parte de su esposa, tal sumisión deja de ser verdadera. Y sus demandas podrían intimidar y oprimir, lo cual alimenta un sentir de resentimiento. Cuando un esposo está más interesado en la sumisión de su esposa, que en su propia sumisión a Dios, entonces la sumisión se convierte en una herramienta para herir y destruir.

He visto demasiados matrimonios entre gente cristiana madura, incluso reconocidos líderes cristianos, que terminan en divorcio porque el esposo *demandó* sumisión y con tal de obtenerlo recurrió al abuso verbal y físico. Mi esposo ha tenido que aconsejar a hombres como estos; hombres que rehusaron escuchar que perder a su familia sería pagar un precio demasiado alto, solo por «tener la razón». ¡Cuánto mejor sería si el esposo se sometiera a las manos de Dios, y entonces orara para que su esposa aceptara el orden apropiado! Este tipo de situación ocurre con demasiada frecuencia.

Cuando nos sometemos a Dios, Él no borra quienes somos. Nos libera para que lleguemos a ser aquello para lo cual fuimos creados, dentro de los límites de su protección. Cuando una esposa es sumisa a su esposo, se coloca bajo su cobertura y protección, y esto la libera para llegar a ser todo aquello para lo cual Dios la creó. Y créeme, esto es algo que debes anhelar para tu esposa. Sus mejores dones se convertirán en tu mayor bendición.

Si sientes que tu esposa no es sumisa, ora por ella para que Dios le dé un corazón sumiso; hacia Dios primero, y luego hacia ti. Entonces pídele a Dios que te ayude a amarla como Él la ama. Te garantizo que verás aumentar su nivel de sumisión en proporción directa al amor desinteresado que le demuestres. Y deja que ella vea que estás buscando la dirección de Dios. Si sabe que le estás pidiendo a Dios que te muestre el camino, ella te seguirá a cualquier lugar.

ELLA DICE...

Por favor, ora por tu esposa para que:

1. Entienda qué es la verdadera sumisión
2. Pueda someterse tal y como Dios desea que lo haga.
3. Tú seas sumiso por completo a Dios.
4. Ella confíe en Dios, mientras obra en tu vida.
5. Puedas tomar tu posición como líder espiritual.
6. Pueda confiar en que tú seas la cabeza del hogar.
7. La sumisión no se convierta en un punto de contienda en el matrimonio.

ÉL DICE...

Por Michael Omartian

Recuerdo vívidamente, desde que era un jovencito, ver a mi padre ayudando a mi mamá a lavar los platos, echar la ropa en la lavadora, arreglar las camas y preparar la cena. Durante el día él trabajaba un horario regular, pero nunca lo usó como una excusa para dividir con rigidez los papeles en la familia. Sus acciones me sirvieron como ejemplo de un hombre que respetaba, veneraba y apreciaba a su esposa. Él me quería enseñar que la sumisión no era una dinámica de un solo lado sino una acción igualmente compartida entre dos personas que se sacrificaban por ver cumplidas las metas del compañero. Creo que el concepto de la sumisión está muy desvirtuado. Los varones han decidido abordar el tema con mano dura, y esto ha desencadenado un movimiento feminista con justificadas quejas.

Donde prevalece el amor, la abnegación y la oración, se permite que el concepto de la sumisión viva y respire en forma natural. Nosotros, los hombres, hemos fracasado en esta área al apoderarnos de nociones de algún poder especial que creemos tener solo por ser hombres. Entonces nos sentimos tentados a blandir este poder sobre nuestras esposas. Sí, Dios no dio autoridad, pero también nos creó igual a nuestras esposas, y nos hizo una sola carne con ellas. Yo estaría batallando contra mí mismo si pretendiera adquirir algún tipo de autoridad desequilibrada sobre mi esposa. Repito, la oración es el equilibrio. Oro, tanto por mi esposa como por mí mismo, para que siempre podamos relacionarnos en el orden correcto, el uno con el otro y con Dios.

ORACIÓN DE *PODER*

Señor, me someto a ti en este día. Dirígeme a mí y a mi familia. Ayúdame a tomar todas mis decisiones basado en tu revelación y dirección. Y al someter mi liderazgo ante ti, permite que (nombre de la esposa) confíe plenamente en que tú me estás guiando. Ayúdala a entender el tipo de sumisión que deseas de ella. Ayúdame a entender el tipo de sumisión que deseas de mí. Permíteme ser el líder que tú deseas.

Ayúdanos a resolver, en el orden adecuado, los asuntos sobre los cuales no estemos de acuerdo. Te pido que yo pueda permitirte estar en tal control de mi vida que mi esposa pueda confiar plenamente en la obra de tu Espíritu Santo en mí. Ayúdame a amarla tal y como tú me amas, para que yo pueda recibir de ella completo respeto y amor. Dale un corazón sumiso y la fe que necesita para confiar en mí como el líder espiritual en nuestro hogar. Y a la misma vez, ayúdanos a someternos el uno al otro en el temor del Dios (Efesios 5:21). Sé que solo tú, Señor, puedes hacer que ese perfecto equilibrio suceda en nuestras vidas.

HERRAMIENTAS DE PODER

Las casadas estén sujetas a sus propios maridos,
como al Señor; porque el marido es cabeza de la mujer,
así como Cristo es cabeza de la iglesia, la cual es su cuerpo,
y él es su Salvador. Así que, como la iglesia está sujeta
a Cristo, así también las casadas lo estén
a sus maridos en todo. Maridos, amad a vuestras mujeres,
así como Cristo amó a la iglesia, y se entregó a sí mismo
por ella, para santificarla, habiéndola purificado
en el lavamiento del agua por la palabra,
a fin de presentársela a sí mismo, una iglesia gloriosa,
que no tuviese mancha ni arruga ni cosa semejante,
sino que fuese santa y sin mancha.
Efesios 5:22-27

El que halla su vida, la perderá;
y el que pierde su vida por causa de mí, la hallará.
Mateo 10:39

Unánimes entre vosotros…
Romanos 12:16

Capítulo Ocho

SUS
RELACIONES

Una mujer necesita tener estrecha amistad con otras mujeres. No necesita tener muchas, lo que cuenta no es la cantidad sino la calidad.

Tu esposa no necesita amigas que la usen, la agobien, estén celosas de ella, en realidad no la quieran, que hablen de ella en términos despectivos tras sus espaldas, que estén tratando de llegar a ti o que tengan tanta necesidad y sean tan dependientes que consuman todas sus energías. Ella necesita amigas que edifiquen y enriquezcan su vida, y que le permitan hacer lo mismo por ellas. Necesita compañeras que sean fieles y dignas de confianza con quienes hablar, orar, ofrecer ayuda cuando ella la necesite y con quien pueda discutir temas de importancia en los cuales quizá tú no tengas el más mínimo interés. Necesita amigas que la estimulen, que contribuyan a su vida, que la mantengan en la senda correcta y que representen cierta norma a la cual pueda aspirar. Amigas así ayudarán a tu esposa a crecer, y a la larga resultarán ser de gran beneficio para tu relación matrimonial. Tu esposa desea que ores por ella para que pueda desarrollar amistades buenas y piadosas.

Las relaciones con los miembros de la familia son extremadamente importantes, y también se deben cubrir con oración. Las personas son sensibles, y algunas cosas podrían interponerse en *cualquier* relación y crear problemas indeseados. Pero en forma muy particular, los miembros de una familia arrastran una historia de expectativas y desilusiones, que hacen que las relaciones con ellos sean bastante complejas.

La relación con los suegros podría ser especialmente delicada. Es por eso que no puedes suponer que la relación de tu esposa con tu familia sea una relación libre de conflictos. De hecho, el tipo de relación que ella desarrolle con ellos va a depender de ti en gran manera. Tu respuesta a las siguientes preguntas revelará cómo debes estar orando.

1. ¿Acepta tu familia completamente a tu esposa, o aún están pensando que algún día de estos entrarás en tus cabales y encontrarás la esposa que ellos siempre anhelaron para ti?
2. ¿Compartes con los miembros de tu familia buenas cosas sobre tu esposa, elevando el concepto que tienen de ella?
3. ¿Alguna vez te quejas de tu esposa frente a los miembros de tu familia, o te unes a ellos en contra de tu esposa?
4. ¿Piensa tu familia que tu esposa es una bendición, un beneficio, una persona de valor y un regalo de Dios para ti?
5. ¿En algún momento ve tu familia a tu esposa como una amenaza, como una prueba de resistencia, como un error, como una espina en el costado o como una cruz que tienen que cargar?
6. ¿Le da tu familia la bienvenida a tu esposa con los brazos abiertos, o la mantienen a cierta distancia de ellos?
7. ¿Te indicó tu esposa en algún momento que su relación con tu familia no es como desearía que fuera?

Pídele a Dios que te muestre la verdad sobre la relación de tu esposa con tu familia. Pídele a tu esposa que te cuente si se siente o no aceptada por todos los miembros de tu familia. Muchas esposas han sufrido en silencio durante años porque no se sienten aceptadas por los suegros. Y muchos esposos rehúsan escuchar los sentimientos de sus esposas sobre este tema porque él la culpa a ella por todo el problema.

Si tu esposa te revela un sentir de tal naturaleza, no asumas una postura defensiva, cúbrelo con oración. Pídele a Dios que te muestre la verdad sobre dicha situación. A veces solo tiene que ver con el hecho de que las personas son diferentes, y no se entienden entre sí. Tu esposa no puede *obligar* a la gente a que la amen, sin embargo, cabe la posibilidad de que tú le digas algo a ella o a tu familia que haga una diferencia. Pero primero debes orar. Cuando un esposo trae una esposa a su familia, es deber suyo orar para que ella halle gracia ante los ojos de cada uno de los miembros. Que *él* se enamorara de ella no quiere decir que *ellos* también se enamoraron.

Además de tener buenas relaciones con amigos y familiares, cada pareja necesita tener por lo menos dos o tres parejas con quien emplear algún tiempo. No siempre es fácil encontrar dos personas que estén casados el uno con el otro, y en cuya compañía tú y tu esposa se sientan bien; y para que la relación funcione, uno de los dos tendrá que ser flexible. Lo cierto es que vale la pena orar por parejas con quienes uno pueda relacionarse. Si ya tienen amistades como estas, ora entonces para que crezca esa amistad.

La Biblia nos dice que no debemos unirnos «en yugo desigual con los incrédulos» (2 Corintios 6:14). Esto no significa que no puedas tener amigos inconversos, pero las relaciones que más influencia ejercen sobre tu vida deben ser con personas que se esfuerzan por vivir en la voluntad de Dios. Todos nosotros conocemos inconversos que son mejores «cristianos» que ciertos cristianos. Por lo tanto, ora para que Dios aparte de la vida de ustedes a todo aquel que no sea una influencia positiva.

Perdonar es vital

Es de vital importancia para cualquier relación tener y mantener un corazón perdonador. Es muy fácil encontrar algo que uno no quiera perdonar, y es por eso que tenemos que decidir ser gente perdonadora. Si no lo hacemos, nuestra falta de perdón puede desbordarse en cualquier momento hacia nuestras relaciones. Por ejemplo, ¿alguna vez salieron ustedes a cenar junto con otras parejas y escucharon a un esposo o esposa hacer comentarios irrespetuosos, llenos de crítica o poco halagador sobre su cónyuge, frente a todo el mundo? Esto hace que todos los que están alrededor de la mesa se sientan incómodos. No importa con cuanta amabilidad la gente responda a tal comportamiento, todos le echan un vistazo secreto a su relojes, diseñan en sus mentes un plan de escape prematuro y eliminan a tal persona de su lista de invitados para la próxima cena. Aunque lo dijeran en forma de broma, todos los allí presentes sintieron la vergüenza y el dolor de la persona que se ridiculizó. Quizás el esposo o la esposa tenían una queja legítima para hacer tal cosa, pero demostró ser muy debilucho al lidiar con el asunto de una manera tan cobarde. Todos saben que las consecuencias de tales palabras serán evidentes la próxima vez que el ofensor desee tener intimidad, y el cónyuge no tenga interés.

Comentarios tales como estos revelan un corazón implacable hasta el tope. Y una persona que no quiere perdonar afecta a todos los que la rodean. Cuando los esposos y las esposas no se perdonan mutuamente y no se tratan con el debido respeto, no solo sufren *ellos* mismos, sino que también sufren sus hijos, los miembros de la familia, amigos, compañeros de trabajo y cualquier otra persona con quien tengan algún tipo de contacto. Cuando una persona tiene en su corazón falta de perdón hacia alguien, las personas que lo rodean se percatan de ello, aunque no sepan exactamente lo que está sucediendo.

Si tu esposa alberga falta de perdón en su corazón hacia alguien, ora para que se libre de tal yugo. Si no se libera, se afectarán todas las relaciones que tenga y le será imposible llegar a ser todo aquello para lo cual Dios la creó.

ELLA DICE...

Por favor, ora por tu esposa para que:

1. Desarrolle buenas amistades con mujeres piadosas.
2. Desarrolle buenas relaciones con todos los miembros de la familia.
3. Halle gracia ante los ojos de sus suegros.
4. No se convierta en «coleccionista de injusticias».
5. Se deshaga de las heridas del pasado.
6. Perdone por completo a otros.
7. Experimente reconciliación allí donde hay distanciamiento.

ÉL DICE...

Por Kenneth C. Ulmer

El Obispo Ulmer es pastor titular de la iglesia Faithful Central Bible Church en Inglewood, California. Él y Togetta, su esposa, llevan veinticuatro años de matrimonio y tienen tres hijos.

El área de la intercesión que ha reclamado mi más ferviente y constante atención, es la relación entre mi esposa y mis hijas. Tengo casi veinticinco gloriosos años de casado, y he visto el poder de Dios moverse en nuestra relación, ejemplificando que la verdad de Dios logra mucho más abundantemente de lo que pedimos o entendemos. De manera milagrosa y poderosa Dios se ha movido especialmente en la relación entre mi esposa y mis hijas.

Cuando mi esposa y yo nos casamos, mis hijas tenían cinco y tres años de edad respectivamente. Yo estuve casado previamente, y la posibilidad de tener éxito en una familia mixta y con hijos no eran buenas. Desde el principio me percaté de que necesitaríamos la protección de Dios para la tierna y frágil conexión entre mi vida antigua y la segunda oportunidad que Dios, en su misericordia, me estaba brindando. ¡Desde el principio comencé a orar en contra de las malas relaciones entre hijastras y madrastra! Y he visto al Señor desarrollar una unión de honestidad, comprensión, paciencia y respeto que nunca podría crearse por medios humanos. Ahora mis hijas tienen 29 y 27 años de edad. Ellas y mi esposa tienen una verdadera relación de amor y respeto. No siempre andan juntas ya que tienen vidas por separado, pero vi a Dios crear una unión y amistad que solo Él podía hacer.

El Señor también nos permitió adoptar al mejor hijo del mundo, que ahora tiene catorce años de edad. ¡Él es mi hijo amado, en quien tengo complacencia! Doy gracias a Dios porque todos mis hijos son salvos y aman a Dios. Todos luchamos juntos, lloramos y oramos para que la mano protectora de Dios esté sobre nuestro hogar y nuestra familia. En muchas maneras somos una familia pastoral típica, pero en otras somos un testimonio milagroso del poder de Dios para sanar, liberar y sellar relaciones para su gloria.

También oré para que Dios trajera a la vida de mi esposa varias mujeres piadosas en quienes pueda confiar y con quienes tenga una buena amistad. He encontrado que a menudo las esposas de los pastores son las mujeres más solitarias en la congregación, porque no tienen verdaderas amigas con quienes abrirse y ser honestas. Ellas no saben en quién confiar. Le pedí a Dios por mujeres que amen a mi esposa, que oren con ella y que estén a su lado. Y le doy gracias a Dios por las amigas que le dio, con quien ella puede reír, llorar y regocijarse. Hasta me he encontrado dándole gracias a Dios por la amigas con quien sale de compras (¡por lo menos hasta que me llega la cuenta!), porque reconozco que representan momentos de refrescante compañerismo. Dios ha sido fiel al contestar estas oraciones.

ORACIÓN DE **PODER**

Señor, te pido por (<u>nombre de la esposa</u>), para que desarrolle relaciones buenas, fuertes y saludables con mujeres piadosas. Permite que cada una de estas mujeres añadan fortaleza a su vida y sean un fuerte apoyo en la oración. Quita cualquier relación que no produzca buen fruto. También oro por una buena relación con todos los miembros de la familia. Que tu espíritu de amor y aceptación reine en cada uno. Ruego por la resolución de cualquier situación incómoda con los suegros de ambos. Muéstrame lo que puedo hacer o decir para lograr un efecto positivo. En específico te pido por la relación de mi esposa con (<u>nombre del amigo o miembro de la familia</u>). Trae reconciliación y restauración allí donde la relación se haya deteriorado.

Señor, te pido que (<u>nombre de la esposa</u>) sea siempre una persona perdonadora. Aunque al momento no sienta hacerlo, ayúdala a perdonar como un acto de obediencia a ti. Muéstrale que perdonar no significa que la otra persona tenga la razón, pero a ella la libera. Si acaso tiene alguna falta de perdón de la cual no se ha percatado, revélaselo para que lo confiese ante ti y se libere. Oro especialmente para que entre nosotros dos no exista la falta de perdón. Permítenos perdonarnos mutuamente con prontitud y definitivamente. Ayúdanos a recordar que tú, Señor, eres el único que conoces toda la historia, y por consecuencia, no tenemos derecho de juzgar. Convierte a mi esposa en un faro que brille ante su familia, amigos, compañeros de trabajo y en la comunidad, y que en todas sus relaciones te glorifique a ti, Señor.

HERRAMIENTAS DE PODER

El justo sirve de guía a su prójimo;
mas el camino de los impíos les hace errar.
Proverbios 12:26

Y cuando estéis orando, perdonad, si tenéis algo contra
alguno, para que también vuestro Padre que está en
los cielos os perdone a vosotros vuestras ofensas.
Marcos 11:25

El hombre que tiene amigos ha de mostrarse amigo;
y amigo hay más unido que un hermano.
Proverbios 18:24

Quítense de vosotros toda amargura, enojo, ira, gritería y
maledicencia, y toda malicia. Antes sed benignos unos con
otros, misericordiosos, perdonándoos unos a otros, como
Dios también os perdonó a vosotros en Cristo.
Efesios 4:31,32

No juzguéis, y no seréis juzgados; no condenéis,
y no seréis condenados; perdonad,
y seréis perdonados.
Lucas 6:37

Capítulo Nueve

SUS
PRIORIDADES

A tu esposa siempre la están juzgando. O por lo menos así se siente con frecuencia.

De acuerdo con la ley no escrita del universo, a ella la juzgarán de acuerdo con el buen comportamiento, desempeño, éxito en los estudios y lo que lograron hacer los hijos con sus vidas. La juzgarán en silencio si no es una persona activa en la iglesia, en la escuela, en el vecindario y en la comunidad. La sociedad la hace responsable, y emitirá juicio, en cuanto a la apariencia del interior de su casa, aunque la evidencia de que siempre se vio igual solo sean rumores. (La culpa por el aspecto exterior de la casa te la atribuyen a ti.)

Si ella trabaja fuera de la casa, esto complica aun más las cosas, ya que existe una ordenanza no escrita la cual dice que por el resto de su vida debe informar que su empleo tiene prioridad. Y por encima de todo, se le exigirá la responsabilidad de ser una gran esposa, una gran madre, una gran hija, una gran amiga y vecina. Y si fracasa en tan solo uno de estos papeles mencionados, se le enjuiciará y juzgará basándose en la evidencia circunstancial y por un jurado no muy imparcial. Durante todo el tiempo que invierte en una de estas prioridades, a ella le preocupa si no será imprudente poniendo en peligro a los demás. A veces siente que a diario tiene que probar su inocencia, o de otro modo declararse culpable y sufrir las consecuencias.

No ayuda para nada tener siempre al acusador de su alma presentando testigos expertos de su fracaso. Parecería que se aceptan todas las acusaciones en contra de ella y se le niegan cada una de sus objeciones. La batalla que se libra en su mente es despiadada. Los cargos en su contra se presentan de tal manera que hasta duelen. Todas las infracciones por las cuales se le acusa parecen ser demasiado pequeñas para merecer un castigo tan severo. Después de todo, ella solo intenta hacer lo mejor. ¿Por qué nunca parece ser suficiente?

La sociedad espera mucho de las mujeres; también espera mucho de los hombres, pero de forma diferente. Los hombres, por ejemplo, tienen más presión que las mujeres en cuanto a sostener a sus familias. Una mujer puede *ayudar* a sostener a su familia, pero a la larga no se espera que sea ella quien lo haga. Y aunque una mujer sea la única que sostenga la familia, nadie pensará mal de ella si no gana mucho dinero o si no recibe una promoción, o si no logra alcanzar el éxito en su campo. A un hombre no se le permite tal flexibilidad. Pero no importa cuál sea la contribución de una mujer al ingreso de su familia, ni si es la única que está trabajando mientras que su esposo permanece en casa con los chicos, a ella se le considerará responsable si sus hijos no se comportan como es debido, social y académicamente.

En ocasiones, tal vez tu esposa sienta la presión de tantas expectativas a la vez, que la harán sentirse sobreabrumada, y esto le restará eficiencia para cumplir con lo que debe. Hasta podría desanimarse y sufrir un cortocircuito. Entender todo esto puede servirte de ayuda a la hora de orar por ella.

Otra de esas grandes presiones que recae sobre la mujer es la de crear y mantener un hogar que sea un refugio acogedor, placentero, limpio, atractivo y amoroso para su familia. Un hombre podría estar activamente involucrado en construir un buen lugar donde vivir, pero no se sentirá que lo juzgan por eso como le sucede a la mujer. Y cuando una mujer se siente insegura en cuanto a su habilidad de crear un ambiente hogareño que sea cómodo y acogedor, o tiene poco tiempo y finanzas para hacerlo, el hogar se convierte entonces en una fuente de eterna presión.

Por ejemplo, si una persona llega al hogar de Bill y Sara y lo encuentran desordenado, descuidado y carente de todo atractivo, no va a pensar que Bill es un desordenado, sino que Sara no es una buena ama de casa. Por eso es que tu esposa se va a sentir mucho más enojada que tú cuando los demás miembros de la familia no limpien ni recojan lo que regaron. O cuando sin previo aviso, invitas a alguien a cenar en tu casa. Tal vez ella se sienta enojada por eso, no porque no desea ver a tal persona, sino porque cuando la casa no está en condiciones de recibir invitados, o la cena no es de la calidad como para invitados, siente que es a *ella* a quien van a juzgar. Y para muchas mujeres, arreglar la mesa y servir una excelente cena es algo que las hace sentirse realizadas y satisfechas. El elemento de la sorpresa le resta la oportunidad de hacerlo tan bien como sabe hacerlo.

La Biblia dice que es vano edificar una casa sin primero pedirle a Dios que sea Él quien la edifique. Atender un hogar incluye innumerables tareas pequeñas que deben desempeñarse una y otra vez, y algunas son tan insignificantes, que cuando las estamos desempeñando ni tan siquiera se nos ocurre pedirle a Dios que esté presente en medio de ellas. Pero Él aliviará nuestras cargas si en *todo* lo que hacemos nos unimos a Él.

La mayoría de las mujeres tienen una vida fuera de las tareas del hogar, y les gustaría vivirla. Si oras pidiéndole a Dios que le alivie a tu esposa la carga de cuidar del hogar, le aliviarás mucho la presión que ella experimenta. No vaciles en preguntarle a Dios qué *tú* puedes hacer para ayudarla a llevar su carga. (Una de las cosas que más aprecio de mi esposo es que me ayuda con algunos quehaceres del hogar.)

Para una mujer el mantenimiento del hogar puede ser un trabajo muy ingrato, especialmente cuando nadie le da las *gracias*. Así que, recuerda demostrar tu aprecio por todo lo que ella hace en tu casa. Ella necesita saber que tiene tu aprobación, y que no aumentarás su carga de trabajo siendo desconsiderado.

Al establecer prioridades, por regla general una mujer coloca todo y a todos antes que a su propia persona. Esto produce en ella un desgaste constante que quizá no sea notable, hasta que un día se quebranta igual que un hueso que perdió todo su calcio. Si siempre está haciendo cosas a favor de los demás y nunca toma tiempo para sí misma, sufrirá un desgaste físico y emocional. A la larga, no tendrá nada para dar. Ora por ella para que dedique tiempo al cuidado de su persona. Esto no la convertirá en una persona centrada en sí misma, más bien, la convertirá en una persona *centrada en Dios.*

Para una mujer es muy difícil identificar las prioridades correctas de su vida, cuando tantas cosas demandan su atención. Tu esposa necesita desesperadamente de tus oraciones. Y si eres uno de esos que emitió juicio y pronunció sentencia sobre ella, estoy segura que no lo hiciste con malicia. Retira tus cargos en su contra, exonera a tu esposa, y rehúsa permitir cualquier otra injusticia en el futuro. Notifícale al enemigo que el Juez máximo, la suprema Autoridad legal en todo el universo, ya perdonó a tu esposa y que, por lo tanto ya no tiene jurisdicción sobre su vida. El testimonio de cómo Dios la perdonó le asegurará a otras mujeres obedientes de la ley que ellas también pueden ser libres de las reglas de las altas expectativas. Entonces ora para que Dios le revele a tu esposa cuáles deben ser sus prioridades. Y en cuanto al asunto de que ella pueda en realidad lograr ese equilibrio perfecto, el jurado aún está deliberando.

En cuanto a mí se refiere, concluyo con la exposición de mi caso.

ELLA DICE...

Por favor, ora por tu esposa para que:

1. Recuerde colocar a Dios en primer lugar.
2. Te dedique tiempo.
3. Le dedique tiempo equilibrado a tus hijos.
4. Tome el tiempo necesario para cuidar de su persona.
5. Pueda crear un hogar cálido y acogedor.
6. Siempre use sabiamente su tiempo.
7. Entienda cuáles son sus prioridades.

ÉL DICE...

Por Michael Omartian

Soy consciente de lo debilitante que puede ser la vida cuando carece de orden o de prioridades. Nuestras tareas como hombres podrían parecer complicadas, pero creo que son relativamente sencillas en comparación con las de nuestras esposas. Gran parte de mi tiempo de oración lo invierto orando por Stormie, pidiéndole a Dios que traiga orden a su vida para que ella pueda experimentar gozo y paz en medio de todo lo que necesita hacer. La ausencia de gozo y paz en cualquiera de nosotros, afecta directamente nuestro matrimonio.

Todos nosotros debemos estimular a las esposas. «Gracias por el gran trabajo que haces», «Gracias por cuidar de los chicos», «Gracias por ser mi esposa», son palabras que nunca se dicen con suficiente frecuencia. Además, debemos orar para que nuestra esposa busque de Dios y que escuche lo que Él le encomienda hacer. Si no oramos, tal vez causemos un cortocircuito en el camino y en las prioridades que el Señor tiene para ella. Orar y contribuir con los propósitos de Dios para mi esposa ayuda a quitar los obstáculos del camino para que ella sea eficiente.

Yo siempre creí que la tensión era un asunto mayormente de nosotros los hombres. ¡Qué lindo! Ahí estaba sentado en el carrito de golf, esperando en el hoyo número once y diciéndole a mi compañero de golf lo feliz y descansado que me sentía al poder separar varias horas para jugar un partido de golf. Mientras tanto, Stormie corría para cumplir con una fecha límite, al mismo tiempo que le daba clases en el hogar a nuestra hija, atendía la casa, hacía malabarismos con varias conferencias pendientes y lograba separar tiempo para un esposo siempre quejoso.

Probablemente nuestras esposas tienen más cosas que atender que nosotros. Los hombres tienden a manejar menos decisiones, las más grandes y las más obvias. Una esposa tiene que tomar decisiones con respecto a muchos detalles, tanto grandes como pequeños. Le he pedido a Dios que ayude a Stormie a establecer prioridades que sean claras, para que ella no experimente desgaste de vida y energías. Y en numerosas ocasiones, Dios contestó mi oración.

ORACIÓN DE **PODER**

Señor, te presento hoy a (<u>nombre de la esposa</u>), y te ruego que te encargues de su vida. Muéstrale cómo buscarte en primer lugar y cómo hacer que cada día su prioridad sea emplear tiempo contigo. Dale la sabiduría para saber cómo distribuir su tiempo correctamente, para luego sacarle el mejor provecho. Muéstrale cómo establecer prioridades con sus responsabilidades e intereses, y además cumplir al máximo con cada una de sus funciones. Muéstrale cómo encontrar un buen equilibrio entre ser esposa, madre, atender el hogar, su empleo, servir en la comunidad y en la iglesia y hallar tiempo para sí misma, para poder descansar y revitalizarse. Alíviala de toda la culpa que la agobie cuando estas cosas se descontrolan. Y en medio de todo esto, te ruego que dedique tiempo para estar conmigo, sin sentir que está descuidando las demás cosas. Dale energía y la habilidad de cumplir con todo lo que necesita hacer, y que en el proceso experimente tu gozo.

Señor, te pido que ayudes a (<u>nombre de la esposa</u>) para que nuestro hogar se convierta en un santuario de paz. Aparte de nuestro estado financiero, dale sabiduría, energía, fuerza, visión y claridad mental para transformar nuestra morada en un hermoso refugio que produzca gozo en cada uno de nosotros. Te pido que le quites la carga de atender nuestro hogar y que la llenes de paz al respecto. Muéstrame cómo puedo animarla y ayudarla.

Espíritu Santo, te invito a llenar nuestro hogar con tu paz, verdad, amor y unidad. Protégelo y que todos lo que aquí entren, sean traídos por ti. «Con sabiduría se edificará la casa, y con prudencia se afirmará; y con ciencia se llenarán las cámaras de todo bien preciado y agradable» (Proverbios 24:3,4). Señor, revélanos cualquier cosa que en nuestra casa no te glorifique, y digo que «yo y mi casa serviremos a Jehová» (Josué 24:15).

Dale a (nombre de la esposa) la gracia de lidiar con los retos que a diario enfrenta, y la sabiduría para no intentar hacer más de lo que debe. Enséñala a reconocer con claridad cuáles deben ser sus prioridades, y permítele equilibrarlas bien.

HERRAMIENTAS DE PODER

Todo tiene su tiempo,
y todo lo que se quiere debajo
del cielo tiene su hora.
Eclesiastés 3:1

Mas buscad primeramente el reino de Dios y su justicia,
y todas estas cosas os serán añadidas.
Mateo 6:33

Si Jehová no edificare la casa,
en vano trabajan los que la edifican.
Salmo 127:1

Considera los caminos de su casa,
y no come el pan de balde.
Proverbios 31:27

La ley de su Dios está en su corazón;
por tanto, sus pies no resbalarán.
Salmo 37:31

Capítulo Diez

SU
BELLEZA

No importa cuán joven o vieja, perfecta o imperfecta, confiada o temerosa, madura o inmadura sea ella, a toda mujer le gustaría ser más bella de lo que es. Y la mayoría de las mujeres no creen ser tan hermosas como son en realidad. Nunca he conocido a una mujer que no se sienta halagada cuando le dicen que es hermosa, especialmente si se lo dice el hombre de su vida. Si encuentras a una mujer que no quiera que le digan que es hermosa, es porque tal vez transcurrieron muchos años sin escucharlo, o quizá cuando lo escuchó, de alguna manera la violaron por esa causa. Cualquiera que sea el caso, su respuesta es producto de una herida.

Dios creó a todas las mujeres hermosas. Las mujeres de la Biblia como Sara, Raquel, Rebeca y Ester, eran excepcionalmente hermosas, y ¿quién podrá dudar de la belleza de María y de Eva? Un aspecto esencial en cada mujer es el deseo de ver hermosura, en ella misma y en el ambiente que la rodera. Es un instinto natural que Dios le colocó porque Él quiere que ella lo desee, al más hermoso de todos. Él quiere que ella contemple «la hermosura de Jehová» para que así pueda reflejar *Su* hermosura (Salmo 27:4).

El asunto primordial que hace a una mujer sentirse hermosa es saberse amada. Es por eso que tener el Espíritu de Dios morando en su interior y pasar tiempo ante la presencia de Dios en alabanza y adoración, es el tratamiento de belleza más efectivo que existe. Su amor la embellece por dentro y por fuera.

El amor del esposo también hace que una mujer sea hermosa. Una mujer que no es amada se seca y muere. Una de las razones por lo cuales la crianza de los hijos llega a convertirse en una experiencia tan satisfactoria para la mujer es porque a través de ella y hacia ella fluye el amor y el afecto todo el día. Sin embargo, con todo lo grande que es este amor, ella necesita mucho más del amor de su esposo. Su amor la satisface como persona. La enriquece. La hace *sentirse* hermosa. Y toda esa bondad fluye de regreso hacia él. (Mi esposo siempre me dice que soy hermosa, aunque esté en uno de mis peores momentos. A veces le digo que mi esperanza es que nunca vaya a examinarse la vista. Pero cuando él me lo dice, siempre me siento hermosa.)

Tu esposa es bella. Aunque no sea una mujer perfecta, hay belleza en ella. Esto lo sé porque si no hubieras visto belleza alguna en ella, no te hubieses casado. Ningún hombre se casa con una mujer si no encuentra algo bello en ella. De alguna manera ella lo atrajo. Y no importa el tiempo que lleven de casados, siempre podrás hallar hermosura en tu esposa, si es que la amas tanto como para identificar su hermosura y decírselo. Mientras más tiempo pasa un hombre estimulando a su esposa a sentirse hermosa, más hermosa será.

En este momento quizás estés recordando aquella canción de la película *My Fair Lady* titulada *Why Can't a Woman Be More Like a Man?* [¿Por qué una mujer no puede parecerse más a un hombre?] De hecho, quizá hasta la estés cantando en este preciso momento. Pero déjame recordarte que las mujeres son muy *diferentes* de los hombres. Hay un libro muy popular cuyo título sugiere que los hombres y las mujeres proceden de *diferentes* planetas. Creo que esta es una declaración demasiado modesta. En realidad los hombres y las mujeres proceden de diferentes *galaxias*. Es por eso que de ningún modo una mujer podrá ser como un hombre y seguir siendo mujer. Así que, aunque no puedas entender cabalmente la importancia de orar por la belleza de tu esposa, tendrás que creerme en cuanto a esto. Sé de lo que estoy hablando, así que por favor, escúchame con detenimiento. Cómo se siente tu esposa respecto a sí misma, a la postre es tan importante para *tu* felicidad como lo es para la de ella.

Aunque no seas responsable de la imagen que tu esposa tiene de sí misma y que trajo al matrimonio, sí puedes contribuir de forma positiva o negativa, a la imagen que ella puede desarrollar.

Su belleza

Tus palabras tienen más poder para sacar a relucir la belleza de tu esposa, de lo que jamás soñaste.

Cierto día mi amiga Terry andaba de compras con su esposo en una tienda por departamentos, cuando ella le preguntó: «¿Quieres algo de lo que aquí hay?» Su esposo Michael se viró hacia ella y le dijo: «Tú eres lo único que quiero de este lugar».

¿Quién dudaría que estas palabras la hicieron sentirse hermosa? Esta es la clase de palabras a las que me refiero.

Si a tu esposa la desvalorizaron y cuando joven sus padres, sus hermanos o sus compañeros la hicieron sentir que carecía de todo atractivo, es posible que ahora ella no se atribuya ningún valor o belleza. Aunque otras personas le digan lo contrario, solo dos personas lograrán que ella *crea* que es hermosa: Dios y tú. Pero ni siquiera tú podrás convencerla de que es hermosa, si Dios no le habla primero. No importa lo mucho que un hombre le diga a una mujer cuán hermosa y valiosa es, si no lo cree en su interior, nunca será suficiente. Es aquí donde tus oraciones lograrán toda la diferencia. Tus oraciones la liberarán de las mentiras del pasado y le permitirán escuchar la voz de Dios susurrando la verdad en su corazón.

Tus oraciones también la ayudarán a encontrar el equilibrio entre la arrogancia y la autoflagelación. Y cada mujer debe encontrar tal equilibrio para tener una imagen saludable de sí misma. Nadie desea estar con una persona que constantemente se censura por carecer de todo atractivo. Y nadie puede tolerar a una mujer tan engreída que se crea ser más bella que nadie.

Aunque la mayoría de la mujeres no caen en ninguno de estos dos extremos, son muchas las mujeres que no se consideran ser tan atractivas como son en realidad. Esto es debido a que constantemente las mujeres reciben una avalancha de imágenes sobre lo que el mundo considera ser una mujer atractiva. Si no tiene cierta talla, con ciertas medidas y cierto tipo de cabello, ojos, labios, piel, le hacen creer que no es atractiva. Ora para que tu esposa sea libre de la tiranía del espíritu de este mundo y enfoque sus ojos en la belleza del Señor. Su reflejo la hará ser más hermosa que ninguna otra cosa.

La necesidad femenina por este tipo de afirmación comienza a temprana edad. Todos los domingos para ir a la iglesia yo vestía a mi hija, cuando solo tenía dos años de edad, con uno de sus hermosos vestidos. Le decía que se veía muy bella, y me daba cuenta de que esto le agradaba. Entonces la enviaba a la próxima habitación para que le modelara a su padre. Si *él* se percataba de su presencia y le decía que lucía hermosa, ella resplandecía como una luz. No importa la edad que una mujer tenga, recibir este tipo de aprobación del hombre de su vida, la hará resplandecer de satisfacción. Así que, no solo debes decirle a tu esposa cuán hermosa es, sino también a tu hija. Ella necesita escucharlo de ti, más de lo que te puedes imaginar. Y si ya lo hiciste, díselo también a tu mamá y a tu abuela. No importa si la mujer en tu vida tiene 2 ó 102 años de edad, tú tienes el poder de encender la luz.

ELLA DICE...

Por favor, ora por tu esposa para que:

1. Sepa que Dios la ama.
2. Perciba en sí misma la belleza del Señor.
3. Sienta que tú la amas.
4. Se valore a sí misma.
5. Separe tiempo para cuidarse.
6. Sepa cómo ser más atractiva.
7. Siempre piense que es hermosa.

ÉL DICE...

Por Michael Omartian

Nosotros los hombres tenemos la tendencia de minimizar la importancia de que nuestras esposas se sientan hermosas. A veces me pregunto por qué razón Stormie se esfuerza tanto para mantenerse atractiva. No me malinterpreten, yo aprecio los resultados, pero el asunto es que ella percibe su belleza como un aspecto integral de su persona, igual que la mayoría de las mujeres, así que para mí es importante orar para que perciba la belleza que Dios depositó en ella. Pero además de esto, mi esposa nunca tuvo padres ni familiares que le dijeran que era hermosa, de hecho, fue todo lo contrario. Así que se crió convencida de ser atractiva.

Después de una reciente intervención quirúrgica de emergencia, Stormie me dijo en un tono bastante desalentador: «Michael, hoy viste mi peor cara», a lo que le respondí: «¡Querida, tú ves mi peor cara todos los días!» Los hombres ejercemos un profundo efecto en la autoestima de nuestras esposas, cuando las animamos y le decimos lo bellas que son. En el área de la belleza, mi oración por Stormie es que Dios refleje su belleza a través de ella. ¡Y créeme, está funcionando!

ORACIÓN DE PODER

Señor, te ruego que le des a (nombre de la esposa) «el incorruptible ornato de un espíritu afable y apacible, que es de gran estima delante de Dios» (1 Pedro 3:4). Ayúdala a apreciar la belleza que depositaste en ella. Ayúdame a recordar que debo animarla y decirle palabras que la hagan sentirse hermosa.

Donde cualquiera en su pasado la convenció de que no ser atractiva e inferior a la persona que tú creaste en ella, te pido que reemplaces tales mentiras con tu verdad. No permitas que ella recuerde una y otra vez cualquier palabra hiriente que escuchara en el pasado. Te pido que ella no considere su valor según las apariencias, sino en tu Palabra. Ayúdala a verse desde tu perspectiva. Convéncela de lo valiosa que es para ti, para que también yo pueda convencerla de lo valiosa que ella es para mí.

Muéstrale a mi esposa cómo cuidarse bien. Dale sabiduría para saber cómo vestirse y adornarse, de manera que siempre realce su belleza y glorifique tu nombre. Pero hazle recordar que el tiempo invertido ante tu presencia es el mejor de todos los tratamientos de belleza. Que mi esposa sea hermosa en cada aspecto, y que todos puedan ver la belleza de tu imagen reflejada en ella.

HERRAMIENTAS DE PODER

Engañosa es la gracia, y vana la hermosura;
la mujer que teme a Jehová, ésa será alabada.
Proverbios 31:30

Vuestro atavío no sea el externo de peinados ostentosos, de
adornos de oro o de vestidos lujosos, sino el interno, el del
corazón, en el incorruptible ornato de un espíritu afable y
apacible, que es de gran estima delante de Dios.
1 Pedro 3:3-4

Y deseará el rey tu hermosura; e inclínate a
él, porque él es tu señor.
Salmo 45:11

Dad a Jehová la gloria debida a su nombre;
adorad a Jehová en la hermosura de su santidad.
Salmo 29:2

Todo lo hizo hermoso en su tiempo.
Eclesiastés 3:11

Capítulo Once

SU
SEXUALIDAD

A hora sé honesto. ¿Brincaste hasta este capítulo antes de leer los primeros diez? Si lo hiciste, no te sientas mal por eso. Es bastante comprensible y completamente natural. El sexo no es solo el impulso más fuerte de un hombre sino también una de sus mayores necesidades. (Quizá ya lo sepas.) En mi libro *El poder de la esposa que ora,* coloqué aquellas cosas que al principio son de importancia para el hombre. «Su sexualidad» es el cuarto capítulo. (No lo coloqué en el primer capítulo porque, después de todo, este es un libro cristiano.) En el libro que ahora estás leyendo, coloqué al principio las cosas que son de primordial importancia para la mujer. Y es por esta razón que «Su sexualidad» cae cerca del medio. (Recuerda que escogí estos capítulos según los resultados de mi encuesta entre las mujeres.)

Existe una razón para que la sexualidad no se encuentre entre los primeros lugares en la lista de las mujeres, como la de los hombres, y creo que se debe a que para la mujer, la sexualidad es un asunto *muy* complejo. Para ella es extremadamente difícil separarse de sus emociones, recuerdos, pensamientos y experiencias, y comportarse de una manera estrictamente física. Ella no procura satisfacer solamente su necesidad física, también existe la necesidad emocional.

La sexualidad de tu esposa está ligada a dos cosas:

    1. Cómo se siente en cuanto a su persona
    2. Cómo se siente en cuanto a ti

La manera en que una mujer se siente en cuanto a su persona tiene mucho que ver con el trato que recibió de los hombres a través de su vida. No se dará valor si la abusaron, no le prestaron atención, despreciaron, ofendieron, violaron o simplemente no la valoraron. Aunque no fuera su esposo quien perpetró tal crueldad, le será difícil responder a él a causa de la mala experiencia que sufrió. Tan injusto como esto parezca ser, si una mujer no se siente atractiva o *sexy*, es muy difícil que actúe como tal. No obstante, el hombre puede asegurarle a su esposa lo atractiva que es para él y cuánto la ama y sentirse hermosa y amada hará que la mujer desee disfrutar con su esposo de las maneras más íntimas.

Lo que tu esposa sienta hacia ti, si está airada, no te perdona, desilusionada, herida o amargada, afectará inmensamente su deseo de tener intimidad. Si la heriste de una u otra manera, aunque fuera sin la más mínima intención, causará que se aparte de ti físicamente en actitud de autoprotección. No importa que la hirieras hace treinta días y que no pensaras más en eso durante los últimos veintinueve días. Si en su alma el asunto no se resolvió de forma satisfactoria, la relación sexual se verá afectada. Cuando ella está enojada contigo, la intimidad es lo más lejano en su mente.

Para una mujer el sexo es producto del afecto. Ella no desea ser afectuosa con un hombre que la hace sentir herida y despreciada. Y aunque a un hombre le es posible desempeñarse sexualmente sin involucrar las emociones, no sucede así con una mujer. Lo puede hacer, pero la hace sentir como que debían pagarle por hacerlo. La verdadera sexualidad de una mujer está ligada a cuán amada y valorada se sienta, y le es muy difícil entregarse a alguien que la hizo sentir mal.

La confianza también es un enorme factor en una relación sexual exitosa. Tu esposa necesita confiar en ti. Ella puede tolerar errores en otras áreas, siempre y cuando esté segura de que eres honesto. Si alguno de ustedes violó la confianza del otro, ora para lograr un verdadero arrepentimiento, perdón y sanidad. Una mujer nunca entrega por completo su cuerpo, mente y emociones a un hombre en quien no confía.

Si en tu relación ocurrió la infidelidad sexual, necesitas las oraciones y el apoyo de asesores cristianos que sean maduros, calificados, dignos de confianza y que crean en el poder de Dios para transformar, renovar y restaurar por completo. Debe haber una completa confesión y arrepentimiento de tal traición, y debe procurarse el perdón. Ora para que la pureza sexual se restaure en el corazón de cada uno de ustedes, y para que la fidelidad se convierta en un estilo de vida intransigente. Si este no es el caso, las heridas sin resolver los acompañarán al lecho matrimonial. En esta área debe haber una sanidad completa para que se restaure la confianza y solo Dios puede sanar sus vidas y restaurar dicha confianza.

Muchas parejas tienen problemas sexuales en sus matrimonios porque uno o ambos cónyuges participaron de experiencias sexuales impropias *antes* de casarse. Si esto le sucedió a uno de ustedes dos, ora para que tales ataduras del alma se rompan y se liberen de sus efectos. Tú no necesitas traer al lecho matrimonial los fantasmas de las relaciones pasadas.

De acuerdo con la Palabra de Dios, ni el esposo ni la esposa tienen derecho de negarse sus cuerpos mutuamente. Pero al mismo tiempo deben ser sensibles a las necesidades y condiciones del otro. Si uno de los dos está enfermo o sufre dolores, el otro debe considerarlo y respetarlo. A menudo, la mujer también se siente muy exhausta, pero no es algo personal. Hay demasiadas cosas que demandan la atención de tu esposa, desde la crianza de los hijos y el cuidado del hogar, el trabajo y las finanzas, hasta las tensiones emocionales y las altas y bajas hormonales, y ella desea que tú consideres esto. Pero tampoco es bueno permitir que esta área de tu vida se descuide y no se atienda debidamente. Una mujer puede entretenerse con muchas cosas, y terminar descuidando la relación sexual con su esposo. Por eso es tan importante orar al respecto.

La relación sexual debe ser una prioridad en el matrimonio. Los hombres ya lo saben. Las mujeres no siempre lo ven de esta manera. Y muchas son las veces que la esposa no entiende cuán grande es la necesidad que su esposo tiene de relacionarse sexualmente. Por eso es bueno que ores para que tu esposa logre entender esto con claridad, y que te brinde la intimidad sexual que necesitas. Y al hacerlo, no debes sentir que lo haces por egoísmo. No eres egoísta. Estás velando y cubriendo espiritualmente un aspecto vital de tu matrimonio, que si se descuida, podría llevar tu matrimonio a la destrucción. No puedes dejar en manos de la suerte un aspecto tan importante de tus relaciones.

Sé que tal vez esto te parezca un poco extraño, y no te enojes conmigo por decirlo porque así lo expresaron las mujeres en mi encuesta, pero las mujeres desean compartir momentos de afecto con sus esposos sin que siempre tenga que terminar en el acto sexual. Tu esposa desea experimentar un sentido de unidad, un abrazo, un beso, una simple caricia, un apretón, sin que siempre tenga que trascender a la intimidad física. A veces ella necesita una conexión emocional, un apoyo y un acercamiento sin llegar a la relación sexual.

Para una mujer no hay nada más atractivo que un hombre bien arraigado al Señor. Esto lo hace ser irresistible. He visto a hombres carentes de atractivos convertirse en hombres muy atractivos y deseables, luego de conocer al Señor, crecer en sus caminos y asemejarse más a Él. Si deseas ser más atractivo ante los ojos de tu esposa, profundiza en tu relación con el Señor. Permite que Dios moldee tu corazón, y Él también mejorará tu apariencia a medida que te vas transformando a Su semejanza. Debe haber unas cincuenta maneras de *mantener* a tu amante a tu lado, y esta es definitivamente una de ellas. Y estoy segura de que con la ayuda de Dios, se te ocurrirán las otras cuarenta y nueve.

ELLA DICE...

Por favor, ora por tu esposa para que:

1. La relación sexual sea satisfactoria para ambos.
2. No sean egoístas el uno con el otro.
3. El romance se mantenga vivo en su matrimonio.
4. Siempre sientan un gran afecto y deseo mutuo.
5. Sea comprensiva con tus necesidades.
6. No esté demasiado exhausta para tener relaciones sexuales.
7. Puedan satisfacerse sexualmente.

ÉL DICE...

Por Michael Omartian

Mi esposa es «¡una muñeca!» Lo era el primer día que la conocí y lo sigue siendo hasta el día de hoy. (Y seamos honestos, caballeros, la mayoría de nosotros nos casamos con mujeres fuera de nuestra liga.) Pero Stormie no es la única responsable de su belleza, porque aunque no lo crean yo tengo algo que ver al respecto. Esto comenzó cuando decidí honrarla en el matrimonio y no violar nuestra confianza sexual en ningún momento. Yo prometí que no permitiría que Satanás destruyera nuestro vínculo. No soy perfecto, y a veces fallo en mis pensamientos, pero reconozco el poder de nuestra cultura, como orquestado por el enemigo, para que de alguna manera consideremos a nuestras esposas como menos hermosas y físicamente menos interesantes, sobre todo sexualmente después de varios años de matrimonio. Se nos empuja a fantasear y a entretenernos con el pecado. Pero si se lo pedimos, Dios nos guardará sexualmente puros. Nos mantendrá alejados de la tentación y la infidelidad, si así se lo pedimos.

Oro para que nuestra vida sexual sea hermosa y satisfactoria, como siempre lo ha sido. Ninguna fantasía podrá competir jamás con lo que Dios nos tiene reservado. También oro para que mi esposa se sienta bien en cuanto a quien es ella. Eso también es muy importante.

ORACIÓN DE PODER

Señor, te pido que hoy bendigas a (nombre de la esposa), y que especialmente bendigas nuestro matrimonio y nuestra relación sexual. Ayúdame a no ser egoísta, y a ser comprensivo con ella. Ayúdala a no ser egoísta y a ser comprensiva conmigo. Enséñanos a demostrarnos afecto mutuo, de tal manera que el romance y el deseo se mantengan vivos entre nosotros. Trae equilibrio dondequiera que uno de nosotros sea más afectuoso que el otro. Recuérdanos cada día acariciarnos, uno al otro, de forma afectuosa. Oro para que cada vez que nos unamos sexualmente disfrutemos de una experiencia placentera para ambos.

Muéstrame si en algún momento la hiero y ayúdame a pedirle perdón de tal manera que ella me perdone por completo. En cualquier momento que tengamos una discusión y rompamos la comunicación, permítenos sobrellevar la situación con prontitud y volver a unirnos físicamente para que el diablo no tenga ocasión de obrar. Te pido que si en algún momento se apagara el fuego entre nosotros y se convirtiera en una nube de humo sofocante, tú limpies los aires y avives la llama.

Ayúdame a tratar siempre a mi esposa con respeto y honor y nunca decir nada que la denigre, aunque sea en broma. Ayúdame a ser considerado con ella cuando esté cansada o no se sienta bien. Pero también oro para que ella entienda mis necesidades sexuales y las tome en consideración. Solo tú puedes ayudarnos a encontrar tal equilibrio.

Haz que nuestra relación sexual sea satisfactoria, agradable, liberadora y refrescante para ambos. Que nuestra intimidad nos una en un solo vínculo, y que conecte nuestros corazones y emociones al igual que nuestros cuerpos. Ayúdanos a comunicarnos libremente, el uno al otro, nuestras necesidades y deseos.

Que en nuestros corazones reine siempre la fidelidad. Echa fuera de nuestras vidas a alguien o cualquier cosa que sea causa de tentación. Si ha habido infidelidad en el pensamiento o acción de parte de uno de nosotros, te ruego un completo arrepentimiento, limpieza y liberación. Mantennos alejados de cualquier cosa que nos haga descuidar esta área tan vital de nuestras vidas. Que nuestro deseo siempre sea solo del uno para el otro. Renueva y revitaliza nuestra relación sexual, y conviértela en todo aquello para lo cual la creaste.

HERRAMIENTAS DE PODER

La mujer no tiene potestad sobre su propio cuerpo,
sino el marido; ni tampoco tiene el marido potestad sobre
su propio cuerpo, sino la mujer. No os neguéis el uno
al otro, a no ser por algún tiempo de mutuo
consentimiento, para ocuparos sosegadamente
en la oración; y volved a juntaros en uno, para que no os
tiente Satanás a causa de vuestra incontinencia.

1 Corintios 7:4,5

Pero a causa de las fornicaciones, cada uno tenga su propia
mujer, y cada uno tenga su propio marido.
El marido cumpla con la mujer el deber conyugal,
y asimismo la mujer con el marido.

1 Corintios 7:2,3

Honroso sea en todos el matrimonio,
y el lecho sin mancilla.

Hebreos 13:4

Pues la voluntad de Dios es vuestra santificación;
que os apartéis de fornicación; que cada uno de vosotros
sepa tener su propia esposa en santidad y honor;
no en pasión de concupiscencia,
como los gentiles que no conocen a Dios.

1 Tesalonicenses 4:3-5

Huid de la fornicación. Cualquier otro pecado
que el hombre cometa, está fuera del cuerpo;
mas el que fornica, contra su propio cuerpo peca.

1 Corintios 6:18

Capítulo Doce

SUS
TEMORES

Cualquiera que haya visto las noticias en el televisor o haya leído el periódico matutino, sabe que en este mundo hay muchas cosas de las cuales estar atemorizado. Hasta el hombre (o la mujer) más fuerte, piadoso y lleno de fe le teme a algo en algún momento de su vida. La mujeres se sienten especialmente vulnerables y tienen su lista especial de «y qué si».. que tienen que ver con amenazas a su seguridad personal y la de su familia. «¿Y qué si alguien entra a robar en nuestra casa?» «¿Y qué si no tenemos suficiente dinero para pagar la hipoteca de la casa?» «¿Y qué si mi esposo muere o sufre alguna lesión?» «¿Y qué si algo malo le sucede a mis hijos?» «¿Y qué si me enfermo y no puedo cuidar de mi familia?» Todas estas son preocupaciones reales y muy legítimas. Pero cuando el temor a causa de las mismas se apodera, atormenta y domina la vida de una mujer, puede llegar a convertirse en un espíritu de temor que es paralizante.

Podemos darle ocasión a un espíritu de temor cuando hemos experimentado algo traumático o aterrador. O si hemos sido *testigos* de algo así. Ya sea que lo admitamos o no, nos hace dudar de que verdaderamente Dios está en control y nos protegerá. Cuando el poder y la presencia del temor tiene más peso que nuestra seguridad en el poder y la presencia de Dios, un espíritu de temor nos puede atormentar.

Lo opuesto al temor es la fe, algo que todos necesitamos usar más en nuestras vidas. Pero trascender de un estado de temor hacia la fe, es mucho más difícil de lograr si el temor se ha convertido en un agente controlador. Es por eso que una persona vencida por el temor necesita oración. Y la oración de un esposo por su esposa para que esta se libere del temor, es poderosa. Tus oraciones por tu esposa la pueden ayudar a reconocer que el temor no proviene de Dios (2 Timoteo 1:7), y que el perfecto amor de Dios echa fuera de su alma todo temor (1 Juan 4:18). Tus oraciones también podrán ayudarla a tener una fe lo suficientemente fuerte como para creer que Dios la ama, que está en control de su vida y que no la dejará ni la desamparará.

Además de estar sobrecargada por los temores del peligro físico y la falta de provisión para ella y las personas que ama, una mujer también puede sufrir por temor al ser humano. Son pocas las mujeres a quienes no les importa lo que nadie piense de ellas, sus hijos, su hogar, su trabajo, su apariencia, su esposo o sus habilidades. Una cierta cantidad de cuidado es algo normal, pero cuando la preocupación por lo que otras personas estén pensando afecta negativamente el comportamiento de una mujer, esto se convierte en el temor al ser humano. Este temor hará que tu esposa se esmere sobremanera por ser perfecta, o que se sienta tan intimidada que tenga miedo de hacer algo por temor a equivocarse. Tus oraciones la pueden ayudar a guiarse por el temor de Dios y no por el temor del ser humano.

Aunque no parezca ser un temor descontrolado, las cosas con las que la mujer más lucha, como la comida, el peso, las relaciones, su autoestima, las apariencias, finanzas, culpa o la duda, por lo general tienen su raíz en el temor a algo. La Biblia dice: «Velad y orad, para que no entréis en tentación; el espíritu a la verdad está dispuesto, pero la carne es débil» (Mateo 26:41). Si tu esposa tiene algo que considere ser una lucha constante, una debilidad de la carne, o una tentación en su vida, entonces necesita que ores con ella para que Dios le dé las fuerzas para resistir y ser libre.

¿Conoces cuál es la lucha más grande de tu esposa? ¿Estás consciente de sus temores más profundos? Tal vez ya tienes una buena idea, pero si no estás absolutamente seguro, pregúntaselo. Dile: «Dime cuáles son las cosas con las que luchas o que más temes en la vida, porque quiero orar por ti al respecto». Quizás te sorprenda su respuesta. Muchos de nosotros tenemos temores profundos que nunca le contamos a nadie. Hace varios años le hice esta misma pregunta a mi esposo y me dijo que tenía temor de no ser un buen padre. Su respuesta me sorprendió mucho, porque nunca había manifestado el más mínimo indicio de que esta fuera una de sus preocupaciones. Su temor me llevó a orar específicamente por la relación con sus hijos.

Muy a menudo las mujeres llevan pesadas cargas en sus vidas que son demasiado pesadas para llevar sobre sus delicados hombros. Recuerda, no importa cuán fuerte tu esposa aparente ser, ella es frágil. Aunque una mujer parezca ser fuerte hasta el punto de la dureza, casi siempre es porque sintió que por una u otra razón tenía que ser así. Pídele a Dios que te muestre si tu esposa está cargando con algo innecesariamente. De ser así, tú puedes llevar parte, o todo el peso de dicha carga, en oración.

Otra artimaña que usa el enemigo del alma de tu esposa es depositar un profundo descontento en su corazón. Una cosa es ver dónde tu vida necesita mejorar y luego orar al respecto y esperar pacientemente hasta que Dios te dé su respuesta y otra es odiar tu vida. Este sentir nos enferma y amarga la vida. A veces, una mujer teme que el momento difícil que está enfrentando no va a mejorar, y que las cosas nunca cambiarán. Tal estado de desesperanza mental es una tortura para cualquier mujer, y creo que es una de las tácticas que el enemigo usa para crear malestar y disensión, y para mantener a la mujer en un constante estado de temor. Con frecuencia las mujeres luchan porque anhelan profundamente que ocurran ciertas cosas y a la vez tienen que esperar por un tiempo largo y desanimante hasta que Dios conteste tales oraciones. Ora para que tu esposa vea sus luchas y temores como una oportunidad para depender de Dios en una forma aun mayor. Ora para que esté contenta con su vida y que pueda confiar en que Dios la tiene en ese preciso lugar con un propósito divino.

El temor que nos lleva a orar, es beneficioso. El temor que nos paraliza y nos atormenta, es destructivo. No permitas que el temor en la vida de tu esposa impida que ella llegue a ser todo aquello para lo cual Dios la creó.

ELLA DICE...

Por favor, ora por tu esposa para que:

1. Un espíritu de temor no la domine.
2. Someta sus luchas al Señor.
3. No le tema a los hombres.
4. Pueda resistir cualquier tentación.
5. Encuentre su seguridad en Dios.
6. Pueda depender de Dios sin temor a los ataques del enemigo.
7. Tenga la paz de Dios.

ÉL DICE...

Por James Robinson

James es un evangelista, presidente del ministerio Life Outreach International en Fort Worth, Texas, y coanfitrión del programa de televisión Life Today. Él y su esposa Betty, llevan 38 años de matrimonio, tienen tres hijos y once nietos.

Dios me bendijo con una esposa maravillosa. Solo Dios pudo diseñar una compañera tan perfecta, amiga, madre, abuela y ahora, milagrosamente, coanfitriona del programa de televisión *Life Today*.

Durante gran parte de su vida, a Betty la atormentó un espíritu de temor. Este se manifestó mediante un sentimiento de poca estima, horror al fracaso o desilusión y un abrumador deseo de constantemente hacer todo tipo de cosas para de alguna manera ganar la aceptación. Pero el temor al fracaso, en el intento de desempeñar tales cosas, paralizaban su mente y sus emociones. Ella solía decir que antes de tomar exámenes en la escuela, experimentaba lo que consideraba ser serios ataques de pánico. Sentía que no tenía mucho que ofrecerles a los demás, y simplemente se dedicó a ser esposa y madre devota. Y esta misión la llevó a cabo de una manera muy eficaz, pero sus sentimientos de inferioridad respecto a tratar a otros, la mantuvieron básicamente hermética y aislada de todo lo relacionado con el público.

Dentro de mi corazón yo sabía que si el mundo pudiese apreciar la belleza, la profundidad espiritual y la verdadera sabiduría que llenaba el ser interior de esta mujer, se convertiría en una indescriptible bendición. Estuve orando durante muchos años para que Dios le otorgara la paz mental y la confianza de abrirse voluntariamente a los demás de modo que el manantial de vida que corre tan profundo dentro de ella, se desbordara e impactara a otros. Mientras oraba, pude percibir su deseo de vencer estas limitaciones, y Dios me dio la sabiduría para estimularla constantemente. Verter sobre ella elogios y ánimo, con el propósito de elevar su nivel de confianza, dio el mismo resultado que irrigar una bella flor.

Cada vez que ella decía algo breve en un grupo pequeño, yo le señalaba cómo los demás habían recibido grandes bendiciones. Seguí diciéndole que la belleza que Dios depositó en ella se podía usar como inspiración para que otros confiaran en que Dios los ayudaría a vencer cualquier dificultad que enfrentaran en sus vidas. Dios contestó tal oración, y vimos cómo comenzó a desbordarse un caudal de vida que produce admiración y expresiones de gratitud por parte de millones de personas a través de América del Norte y los campos misioneros del mundo. Sinceramente creo, basándome en el testimonio de otras personas, que en la actualidad Betty es una de las personas más amadas y respetadas. Ella es una evidencia viva del poder de la oración. Debido a esta milagrosa transformación en la vida de Betty Robinson, ¡millones podrán vivir en esta tierra vidas de plenitud, y luego por toda la eternidad, en presencia de nuestro gran Dios y Padre!

ORACIÓN DE **PODER**

Señor, te ruego que ayudes a (<u>nombre de le esposa</u>) para que «por nada esté afanosa» (Filipenses 4:6). Recuérdale traer en oración ante ti todas sus preocupaciones, para que tu paz, que sobrepasa todo entendimiento, resida permanentemente en su corazón. En específico te pido por (<u>nombre de algo que a tu esposa le dé temor</u>). Te ruego que la liberes de ese temor y la consueles en este día.

Enséñame a reconocer las artimañas del enemigo, cada vez que intente robarle vida a mi esposa haciéndola temer y atormentándola. Me enfrento a todos los ataques del enemigo que sean dirigidos a mi esposa, y declaro que ningún espíritu de temor tendrá lugar en su vida. Fortalece su fe en ti, Señor, y sé su defensor.

Te pido que a (<u>nombre de la esposa</u>) no la atormente ningún temor humano. Permítele elevarse por encima de la crítica de los demás, y ser libre del temor a la opinión de otras personas. Que su única preocupación sea complacerte a ti. A mi esposa le digo: «Fortaleceos en el Señor, y en el poder de su fuerza» (Efesios 6:10) «Con justicia serás adornada; estarás lejos de opresión; porque no temerás, y de temor, porque no se acercará a ti» (Isaías 54:14). Permítele a mi esposa levantarse y decir: «Jehová es mi luz y mi salvación; ¿de quién temeré? Jehová es la fortaleza de mi vida; ¿de quién he de atemorizarme?» (Salmo 27:1).

Señor, dale a (<u>nombre de la esposa</u>) fuerzas para pararse firme en medio de los tiempos difíciles de su vida. Sostenla con tu presencia para que nada la haga estremecerse. Permite que pueda elevarse por encima de las cosas que representan ser un reto para ella. Oro específicamente por (<u>la debilidad, lucha, tentación o necesidad más grande de tu esposa</u>). Ayúdala a apartarse de todo lo que la tiente. A (<u>nombre de la esposa</u>) le digo: «No os ha sobrevenido ninguna tentación que no sea humana; pero fiel es Dios, que nos os dejarás ser tentado más de lo que podéis resistir, sino que dará también juntamente con la tentación la salida, para que podáis soportar» (1 Corintios 10:13). «Aguarda a Jehová; esfuérzate, y aliéntese tu corazón; sí, espera a Jehová» (Salmo 27:14).

Señor, permite que mi esposa pueda soportar la tentación y que reciba la corona de vida que has prometido a todos los que te aman (Santiago 1:12).

Dale a mi esposa paciencia, mientras espera respuesta a sus oraciones y que todas las cosas se cumplan. Ayúdala a esperar en ti en vez de esperar que las cosas cambien. Que solo te tema a ti, y que esté contenta donde se encuentra en este momento, sabiendo que tú no la dejarás allí para siempre. Perfecciónala en «tu perfecto amor» el que «echa fuera todo temor», para que el temor no encuentre lugar en su alma (1 Juan 4:18).

HERRAMIENTAS DE PODER

Porque no nos ha dado Dios espíritu de cobardía,
sino de poder, de amor y de dominio propio.
2 Timoteo 1:7

En el amor no hay temor, sino que el perfecto amor
echa fuera el temor; porque el temor lleva en
sí castigo. De donde el que teme, no ha
sido perfeccionado en el amor.
1 Juan 4:18

El temor del hombre pondrá lazo;
mas el que confía en Jehová será exaltado.
Proverbios 29:25

Bienaventurado el varón que soporta la tentación;
porque cuando haya resistido la prueba,
recibirá la corona de vida, que Dios ha
prometido a los que le aman.
Santiago 1:12

Busqué a Jehová, y él me oyó,
y me libró de todos mis temores.
Salmo 34:4

Capítulo Trece

SU
PROPÓSITO

Todo el mundo tiene dones y talentos. Tu esposa necesita saber cuáles son los de ella. Y esto es porque ella estará plenamente satisfecha solo cuando esté ejerciendo esos dones que Dios le dio, con el propósito para el cual Dios la llamó. Si ella no entiende cuál es su propósito, siempre enfrentará cierto sentido de desasosiego e insatisfacción. Y esto a su vez, afectará la relación matrimonial de una manera sutil pero importante.

Por supuesto, el primer llamado de una mujer casada es el de ser una buena esposa para su esposo. La Biblia dice que «la mujer virtuosa es corona de su marido» (Proverbios 12:4). Nosotras, las esposas, queremos ser la corona que nuestros esposos usen con orgullo. Sin embargo, muchas veces no está a la par la mujer que somos *llamadas* a ser, y la que *queremos* ser, y sabemos que *podemos* y *debemos* ser, y la persona que en realidad *somos*.

Tratamos de ejercer domino propio, ser pacífica, tranquila, agradable, fuerte, cortés, tener buen sentido del humor y ser atractiva —todas esas cosas para lo cual sabemos que tenemos el potencial de ser y que claramente podemos visualizar en nuestras mentes. Pero en los momentos de debilidad, los cuales surgen con alarmante regularidad en una relación matrimonial, la carne domina nuestras buenas intenciones y todo lo que tratamos de edificar quizás se derrumbe con palabras y acciones descuidadas. Cara a cara nos enfrentamos con la persona que en ese momento somos, y nos sentimos entristecidas e impotentes al no poder hacer nada al respecto.

Enfrentemos la realidad. Ninguno de nosotros puede llegar a ser lo que debe ser, sin el poder de Dios obrando en nosotros, transformándonos y permitiéndonos cambiar. El matrimonio, por supuesto, no va a transformar a ninguno de nosotros en una nueva persona. Sin embargo, una vez que estemos casados *pueden* ocurrir cambios maravillosos, porque ahora somos uno con nuestro cónyuge y nuestras oraciones a favor del otro poseen un asombroso y novedoso poder. Pueden suceder cosas milagrosas. Pero a menudo no es así, y es porque *tratamos* que ocurran cambios en nuestro compañero en lugar de pedirle a *Dios* que lo haga.

No podemos obligar a alguien que sea de una u otra manera. Por tal motivo es generalmente infructuoso demandar que alguien sea diferente de lo que él o ella es. De hecho, ese tipo de presión puede con el tiempo arruinar una relación. Pero la *oración* a favor de tu cónyuge, para que llegue a ser todo aquello para lo cual se creó, es una invitación a Dios para que haga cambios *perdurables*. Dejar todo el proceso de cambio en las manos de Dios significa que puedes confiar en que su tiempo y métodos son perfectos, y entonces estás libre para disfrutar el proceso.

Tu esposa *desea* ser la clase de esposa para lo cual Dios la creó, y que tú necesitas que sea. Ella quiere saber cuál es la mejor manera de honrarte y ser tu verdadera ayuda idónea. Ora por ella para que sea capaz de lograr todo lo que desea. Y en el proceso, cuéntale al Señor cualquier área de frustración que tengas. Sé honesto. Dile qué es lo que más (o menos) necesitas de tu esposa. Si hay algo que quisieras cambiar en ella, ¿qué sería? Díselo a Dios. Entonces pídele que moldee tus requisitos y sus habilidades en un paquete aceptable para ambos.

No importa cuán buena sea como esposa, o como madre, no importa cuán perfectamente administre el hogar, tu esposa también posee otros dones y talentos. Estos dones también forman parte del propósito para el cual Dios la creó. Si usa esos talentos o no, allí están. Aunque hayan pasado años desde la última vez que los usó, porque tuvo que dejarlos a un lado para hacer otras cosas importantes, allí están. Si reconoces sus talentos, déjale saber lo que ves en ella. Lo que para ti es obvio, es muy probable que para ella no lo sea. Ella necesita que le recuerdes que fue creada para un propósito supremo. No permitas que niegue quién es, con tal de convertirse en lo que ella cree que es tu deseo. Esto, a la larga, tendrá graves consecuencias. Ora para que Dios le muestre la razón por la cual la creó y le permita alcanzar tal meta.

No te preocupes. Orar de esta manera no es una amenaza para tu matrimonio. Todo lo contrario, lo hará mejor. Cuando tu esposa se siente realizada porque puede usar los talentos que Dios le dio para su gloria, tú saldrás beneficiado. Dios usará sus talentos de una manera que es compatible con su función de esposa y madre de tus hijos. Dios siempre permite que nuestros dones se adapten a la vida que nos dio. Los dones de tu esposa complementarán los tuyos.

Otra razón por la cual tu esposa necesita reconocer sus dones y su llamado es que no ande buscando alguna otra cosa para lo que Dios no la llamó. Esto produce una constante frustración y por último la derrota. Uno nunca usaría el palo favorito de jugar golf para martillar un clavo en la terraza de su casa. Esto sería un muy mal uso del palo de golf, ya que no estaría cumpliendo el propósito para el cual se creó. Si tu esposa no descubre la verdad sobre la razón para la cual Dios la creó, también estaría golpeándose fuertemente la cabeza contra una superficie dura. En su interior habrá una frustración que no se irá y que quizás se manifieste en forma de un resentimiento silencioso.

Las mujeres tienen la tendencia de pensar que por ser madres y tener hijos en casa, perdieron la oportunidad de hacer aquello para lo cual Dios las llamó. Pero esto no es cierto. En el desempeño de estas asignaciones inmediatas que Dios le dio a tu esposa es que se realizará el propósito supremo de Dios en su vida. Y hay formas de cumplir con su llamado incluso durante las temporadas de la vida cuando no puede dedicarle mucho tiempo a tal llamado. Si tu esposa no sabe cómo podrá realizar el llamado de Dios en este momento de su vida, es porque está tratando de cumplir el propósito de Dios con las fuerzas de ella. Debe ser *Dios* quien lo haga todo. El primer paso para cumplir el llamado de Dios en su vida es declarar una dependencia total en Él. Tus oraciones pueden ayudarla a reconocer esta verdad.

Para llegar a ser todo aquello para lo que fue creada, tu esposa necesita amor, apoyo y tu estímulo más que de cualquier otra persona en el mundo. La mujer más rica, famosa, hermosa, triunfadora, talentosa, aclamada y aparentemente independiente sobre la faz de la tierra, también necesita saber que su esposo la ama y la valora. Si ella cree que él ni la ama ni la valora, ella muere en su interior; no importa quién más la esté elogiando. Tus oraciones, así como tus palabras dirigidas hacia ella, pueden ayudarla a entender lo valiosa que es para ti. Y saber que la amas y la aprecias le dará, como ninguna otra cosa, el propósito de su vida.

ELLA DICE...

Por favor, ora por tu esposa para que:

1. Entienda el propósito de Dios para su vida.
2. Reconozca sus dones y talentos.
3. Sea la esposa que Dios desea.
4. Sea una esposa que merezca honor y respeto.
5. Sea la esposa que tú necesitas.
6. Use sus dones para ayudar a los demás.
7. Cumpla con el llamado de Dios para su vida.

ÉL DICE...

Por Michael Harriton

Michael es un músico compositor. Él y Terry, su esposa, llevan veintitrés años de matrimonio y tienen tres hijos mayores.

Siempre siento la tentación de comer del árbol del conocimiento del bien y del mal, el árbol del juicio. ¡Los hombres nos sentimos tan inteligentes, tan superiores en nuestras ideas cuando con arrogante satisfacción señalamos las faltas en nuestras esposas! Pero Dios permite que todos tengamos faltas, y usa nuestras diferencias para complementarnos mutuamente. Por ejemplo, en vez de juzgar a mi esposa por su emocionalismo, procuro recordar que Dios creó a mi esposa para ser un *barómetro muy sensible,* un instrumento muy certero que revela lo que en realidad está sucediendo en mi mundo. Me gustaría decir que en todo momento le presto atención a sus advertencias. Y cuando no lo hago, inevitablemente deseo haberlo hecho.

Hace poco, mi esposa señaló una situación particular en mi negocio que según ella, estaba fuera de control. Percibía los peligros, aunque yo no los veía. Y pensé que ella estaba completamente equivocada. De hecho, oré para que Dios le mostrara que estaba equivocada. Y como ocurrencia tardía, oré pidiendo que si había la más remota decepción o falta de previsión de mi parte, que Dios la quitara. Dos días después me vi inundado por la realización de que mi esposa tenía toda la razón, y que la había tenido desde el principio. De no haberle hecho caso a sus advertencias, las consecuencias hubieran sido desastrosas. Este tipo de perspicacia es parte de los inesperados beneficios que se logran al orar para que nuestras esposas lleguen a ser todo lo que Dios desea. Oro por mi esposa, para que en Cristo ella logre alcanzar el 100% de su potencial. (También oro para que yo pueda superar todo tipo de ceguera masculina.)

ORACIÓN DE **PODER**

Señor, sé que depositaste dentro de (<u>nombre de la esposa</u>) ciertos dones y talentos especiales que deben usarse para tu propósito y gloria. Muéstrale cuáles son, y Señor, muéstramelos a mí también para que pueda animarla. Ayúdala a reconocer que tienes algo en particular para que ella haga, y que le diste un ministerio que solo ella puede desempeñar. Dale un sentido de tu llamado para su vida, y abre puertas de oportunidad para que pueda desarrollar y usar sus dones para ese llamado.

Te pido que le des a mi esposa la comprensión de que tu plan para su vida tiene un tiempo perfecto y específico. Aunque no conozca los detalles de dicho plan, ayúdala a descansar en la confianza de que al buscar de ti para cada aspecto de su vida, tú se lo revelarás.

Señor, te pido que (<u>nombre de la esposa</u>) sea la esposa para lo cual la llamaste y la esposa que yo necesito que sea. Lo que más necesito de mi esposa en este momento es (<u>menciona tu necesidad más apremiante</u>). Muéstrame lo que mi esposa necesita de mí. Ayúdanos a satisfacernos mutuamente en estas áreas sin requerirnos más de lo que está a nuestro alcance. No permitas que tengamos expectativas poco realistas el uno del otro, cuando nuestras expectativas deben estar en ti. Ayúdanos a reconocer los dones que depositaste en cada uno de nosotros, y que nos estimulemos mutuamente en el desarrollo y cuidado de los mismos.

Gracias, Señor, por la esposa que me diste (Proverbios 19:14). Colócala en tu plan perfecto para su vida, de modo que pueda cumplir con el destino que le asignaste. Usa sus dones y talentos para bendecir a los demás. Establécela en perfecta alineación con el plan supremo que tienes para su vida, y que encuentre plena satisfacción en el mismo. A ella le digo: Tú eres «como vid que lleva fruto a los lados de tu casa» (Salmo 128:3). «Muchas mujeres hicieron el bien; mas tú sobrepasas a todas» (Proverbios 31:29). «Así alumbre vuestra luz delante de los hombres, para que vean vuestras buenas obras, y glorifiquen a vuestro Padre que está en los cielos» (Mateo 5:16). Señor, dale a mi esposa «conforme al deseo de tu corazón», y cumple todos sus propósitos (Salmo 20:4).

HERRAMIENTAS DE PODER

No ceso de dar gracias por vosotros, haciend
memoria de vosotros en mis oraciones, para que
el Dios de nuestro Señor Jesucristo, el Padre de gloria,
os dé espíritu de sabiduría y de revelación en
el conocimiento de él, alumbrando los ojos de vuestro
entendimiento, para que sepáis cuál es la esperanza
a que él os ha llamado, y cuáles las riquezas de la gloria
de su herencia en lo santos, y cuál la supereminente
grandeza de su poder para con nosotros los que creemos,
según la operación del poder de su fuerza.
Efesios 1:16-19

Porque irrevocables son los dones
y el llamamiento de Dios.
Romanos 11:29

Quien nos salvó y llamó con llamamiento santo,
no conforme a nuestras obras, sino según el propósito
suyo y la gracia que nos fue dada en Cristo Jesús
antes de los tiempos de los siglos.
2 Timoteo 1:9

En él asimismo tuvimos herencia, habiendo sido
predestinados conforme al propósito del que hace todas
las cosas según el designio de su voluntad, a fin de que
seamos para alabanza de su gloria.
Efesios 1:11,12

Capítulo Catorce

SU
CONFIANZA

¿Alguna vez sentiste que tu esposa no confiaba en ti? ¿Con las finanzas? ¿Con el cuidado de los hijos? ¿Con esa atractiva mujer de tu empleo? ¿Con las decisiones importantes? ¿En tu habilidad de escuchar la voz de Dios?

De ser así, estoy segura de que no es porque *no quiere* confiar en ti. Es probable que se deba a que en el pasado de alguna manera le violaron su confianza. Aunque no es necesario que fueras tú la causa. Tal vez su padre le falló. O pudo ser su primer esposo o novio que no era de confianza. O quizás algo que hiciste o *dejaste* de hacer, algo de lo que ni siquiera te percataste, le causó sentir vacilación a la hora de confiar. O porque al confiar en alguien en el pasado, le sucedieron cosas terribles. O tal vez su relación con Dios no es tan íntima como debiera ser, y aún no ha aprendido la seguridad que hay al confiar en Él. Cualquier cosa que sea, pídele al Señor que se lo revele a ambos. Podrían descubrir algo sobre ustedes mismos de lo que ninguno de los dos se percató antes. Algo que seguramente puede sanarse con la oración.

Recuerda que hay tres áreas muy importantes en las que un esposo debe ser completamente confiable. Fracasar en una de estas áreas debilitará la confianza de la esposa en todas las demás.

1. *Absoluta fidelidad hacia su esposa y el matrimonio.*

Ninguna otra cosa viola la confianza como el adulterio. Si se engaña a una mujer una vez, ella cambiará para siempre. Tal vez perdone, pero para olvidar necesitaría una lobotomía frontal. La restauración toma mucho tiempo, y requiere un toque milagroso de Dios. Aunque en realidad el esposo no haya hecho nada indebido, la manera de comportase en presencia de otras mujeres, la hará sentirse insegura respecto a su habilidad de permenecer fiel a ella en el futuro, y no podrá confiar en él.

2. *Su responsabilidad de ganarse la vida y ser sabio con las finanzas de la familia.*

No importa todo lo que ame un esposo a su esposa ni lo bien que la trate, si él es irresponsable con el dinero, esto socava su confianza en él. Si por ejemplo, él no logra mantener un empleo y la mayor parte del tiempo está desempleado mientras que su familia sufre. O si su esposa es la única que sostiene la familia y este no es el estilo de vida que acordaron vivir. O si él pierde su dinero en diversidad de apuestas y juegos de azar. En todos estos casos, la esposa sentirá que no puede confiar en su esposo.

3. *Sus constantes esfuerzos por tratar a su esposa e hijos con amor y respeto.*

Conozco un sinnúmero de mujeres que no confían en que sus esposos las traten bien a ella ni a sus hijos. Aunque el esposo es fiel y mantiene las necesidades de la familia, la esposa nunca sabe cuándo él va a estallar en ira y ser abusivo por cualquier insignificancia. Ella, sencillamente, no puede confiar en él.

Sin embargo, cuando un esposo es siempre confiable en estas tres áreas tan importantes, entonces a ella le es mucho más fácil confiar en todas las demás áreas. Pero en el matrimonio la confianza debe ser *mutua*. Cuando una persona no puede confiar en la otra persona, ninguno de los dos podrá alcanzar todo lo que Dios tiene para ellos. Es por eso que también necesitas orar para que puedas confiar en tu esposa. «El corazón de su marido está en ella confiado, y no carecerá de ganancias» (Proverbios 31:11). Gran parte de las discusiones y disensiones que ocurren entre los cónyuges tiene que ver con la falta de confianza por parte de uno o del otro. La meta es llegar al punto donde ambos estén tan comprometidos con el Señor, que confíen en *Él*, mientras que Él obra en el otro cónyuge.

Ora también para que Dios te dé sabiduría al dirigir a tu familia y tomar decisiones correctas. Con frecuencia, las dudas de tu esposa en cuanto a seguirte no es porque desconfíe de ti, sino porque confía más en Dios. Ella cree que Él es el único que conoce ciertas cosas, y quiere saber que tú procuraste *Su* sabiduría y tomarás decisiones basadas en *Su* voluntad. Ella necesita estar segura de que tú consideraste seriamente el futuro de ustedes dos como familia al tomar todas las decisiones. Ora para que tu confianza en Dios sea tan evidente, que tu esposa pueda a su vez confiar que Dios está obrando a través de ti, y que desea lo mejor para ella y la familia.

Sé paciente cuando ores al respecto. La confianza se quebranta con rapidez, pero toma tiempo restaurarla. «No nos cansemos, pues, de hacer bien; porque a su tiempo segaremos, si no desmayamos» (Gálatas 6:9). Dios responderá.

ELLA DICE...

Por favor, ora por tu esposa para que:

1. Confíe en Dios con todo su corazón.
2. Confíe en ti por completo.
3. Perdone a cualquiera que violó su confianza.
4. Seas un esposo digno de confianza.
5. Confíe en que Dios obrará a través de ti.
6. Sea una esposa digna de confianza.
7. Sea un mujer de una gran fe.

ÉL DICE...

Por Rodney Johnson

Rodney es agente de bienes raíces. Él y Valerie, su esposa, llevan dieciocho años de matrimonio y tienen dos hijos.

Confianza... cuánto nos esmeramos por alcanzarla y tenerla en nuestras relaciones, y con cuanta facilidad se quebranta. Como agente de bienes raíces en Los Ángeles, he experimentado ambos extremos. Un cliente depositó en mi tanta confianza, que él y su esposa me entregaron un cheque por la suma de $30,000 dólares a nombre de mi compañía, y me dieron potestad legal para comprar una casa en particular por el valor de un millón de dólares, si estaba a la disposición mientras ellos estuvieran de vacaciones fuera del país durante tres semanas. En el otro extremo, tuve una cliente que residía en el extranjero y que sospechaba tanto de todo lo que yo hacía, que a la larga terminó saboteando la venta de una de las dos casas que estaba tratando de vender.

Caballeros, ¿no les gustaría que sus esposas fueran como la pareja de mi primer ejemplo, deseando confiarte la administración de las finanzas, proveer un hogar, y llevarla a las vacaciones de sus sueños sin la más mínima preocupación? Sin embargo, a veces nos vemos pensando como la mujer de mi segundo ejemplo, que desconfiaba de todos y de todo. Si una mujer sospecha de un hombre, es muy probable que alguna figura masculina en su vida hizo algo para quebrantar su confianza. Ahora que he estado orando por mi esposa al respecto, nuestra confianza mutua ha mejorado como nunca antes.

Caballeros, las mujeres necesitan saber que pueden confiar en nosotros. A pesar de lo que diga el movimiento feminista, las mujeres quieren un hombre que dirija, y quieren saber que pueden confiar en él. Así que, cuando hoy ores pidiendo que aumente la confianza de tu esposa, debes también orar para ser cada vez más un hombre digno de confianza. Por ejemplo, si en secreto usaste las finanzas de la familia, sin consultar a tu esposa, esto es un destructor de confianza. Para recuperar su confianza en esta área, acude a ella con un corazón arrepentido y con un plan de acción sobre cómo piensas cambiar tu comportamiento. Por último, eres la imagen de nuestro Padre Dios ante tu esposa e hijos. Si eres confiable, a tu esposa e hijos les será mucho más fácil confiar en su Padre celestial.

ORACIÓN
DE **PODER**

Señor, te pido que le des a (nombre de la esposa) la habilidad de confiar plenamente en mí. Más que nada deseo que ella confíe en tu Espíritu Santo obrando en mí. Revélame dónde no he sido digno de confianza o he violado la misma, y lo confesaré como un pecado ante ti. Ayúdame para no volver a comportarme de esa manera. Hazme siempre digno de su confianza. Muéstrame cómo puedo convencerla de que establecí un pacto contigo y que haré todo lo que esté a mi alcance para ser confiable.

Donde injustamente ella perdió toda confianza en mí, te ruego que la ayudes a ver la verdad. Si no confía en mí a causa de algo que otra persona le hizo, ayúdala a perdonar a esa persona y que así se libere. Te pido que no proyecte sobre mí esos fracasos, creyendo que yo haría lo mismo. Te pido específicamente por (menciona cualquier área en la que falte confianza).

En cualquier lugar donde haya ocurrido un quebrantamiento mutuo de confianza, ayúdanos a restablecerla de manera firme. Que ambos confiemos en que tú, Señor, estás obrando en cada uno de nosotros. Quebranta cualquier relación o atadura del alma inmunda que pueda existir entre mi persona y cualquier mujer de mi pasado. Quebranta cualquier relación o atadura del alma inmunda que pueda existir entre mi esposa y cualquier hombre en su pasado. Ayúdanos a arrepentirnos completamente de todas las relaciones fuera de la nuestra que no te glorificaron.

Señor, te ruego que profundices la confianza que tengo en mi esposa. Muéstrame si hay áreas en las que no confío en su juicio, habilidades, lealtad o decisiones. Te pido que ella siempre sea confiable y que yo pueda confiar en ella plenamente.

Ayúdame a ser el líder espiritual de mi hogar y de mi familia que tú deseas. Aumenta nuestra fe, porque sé que eres escudo a los que en ti confían (Proverbios 30:5). En este día, a favor de mi esposa y del mío, declaro que tú eres nuestro refugio y fortaleza. Tú eres nuestro Dios, y en ti confiaremos (Salmo 91:2).

HERRAMIENTAS DE PODER

En cuanto a Dios, perfecto es su camino,
y acrisolada la palabra de Jehová.
2 Samuel 22:31

Fíate de Jehová de todo tu corazón,
y no te apoyes en tu propia prudencia.
Proverbios 3:5

Pero alégrense todos los que en ti confían; den voces
de júbilo para siempre, porque tú los defiendes;
en ti se regocijen los que aman tu nombre.
Porque tú, oh Jehová, bendecirás al justo;
como con un escudo lo rodearás de tu favor.
Salmo 5:11,12

Mejor es confiar en Jehová que confiar en el hombre.
Salmo 118:8

Confíe en el nombre de Jehová,
y apóyese en su Dios.
Isaías 50:10

Capítulo Quince

SU
PROTECCIÓN

E n el fútbol norteamericano, la línea ofensiva perfecta protege al mariscal de campo y lo libera para desempeñar debidamente su trabajo. Él puede pasarle la pelota al recibidor o entregarle la pelota al corredor principal o decidir correr él mismo con la pelota hacia la línea de anotación. Así exactamente es como funcionan las oraciones de protección a favor de tu esposa. Levantan una pared de protección a su alrededor para que ningún ataque del enemigo penetre las líneas de la defensa y le hagan daño. Esto le permite hacer todo lo que tiene que hacer con plena confianza y seguridad. No importa los trucos que el enemigo tenga escondido, no tendrá éxito alguno.

Por lo tanto, cuando tu esposa se encuentre en el campo de juego de la vida y tenga que enfrentarse a una línea defensiva de demonios que pesan 350 libras cada uno, tú, como capitán, por medio de la oración puedes movilizar a los ángeles de tu equipo, para que ella pueda llegar a la línea de anotación sin un solo rasguño.

Ahora que nuestros hijos ya son mayores, viajo con frecuencia en giras para presentar algún libro o conferencia. Pero no pienso en dejar mi hogar sin que antes mi esposo ore pidiendo protección sobre mi vida. De hecho, ni siquiera viajaría sin su aprobación para hacerlo y sin su apoyo en la oración. Y cada vez que *él* tiene que salir de viaje, ora por mi seguridad en la casa. (Yo hago lo mismo por él, pero esto es tema para otro libro.)

Son muy pocos los lugares donde hoy en día podemos estar seguros. Aun en nuestros hogares, la maldad y el peligro irrumpen en nuestras vidas con devastadora rapidez. Conocí a un hombre que murió en un accidente automovilístico cerca de su casa mientras regresaba del banco al mediodía. Conocí una mujer a quien robaron y asesinaron al detenerse en su auto para recoger a la hija que estaba en un estudio bíblico en la casa de un vecino. Sé de una mujer que asesinaron y le robaron su auto en el estacionamiento de un supermercado local a media mañana, cuando fue a hacer las compras para su familia. Nunca podemos dar por sentado la seguridad de nuestros seres queridos. Los accidentes suceden repentinamente y cuando menos los esperamos. Para tu esposa será un gran consuelo saber que estás orando por su seguridad.

También es importante orar para que tu esposa disfrute de buena salud. Cuidar de su cuerpo no es fácil para una mujer. No conozco a una sola mujer que de alguna manera no luche con este asunto. Y lo cierto es que muchas mujeres son muy negligentes al respecto.

Si alguien decidiera obsequiarte el auto de tus sueños, ¿cómo cuidarías del mismo? ¿Serías negligente para revisarlo con el mecánico? ¿Irías al garaje todos los días pensando «qué pérdida de tiempo es cuidar este auto»? Sé que no lo harías. No obstante, eso mismo hace tu esposa cuando no cuida de su cuerpo. Quizás tenga muchas excusas, como por ejemplo, la falta de tiempo, la falta de motivación o la falta de conocimiento sobre lo que debe hacer, pero tus oraciones pueden servir para ayudarla a encontrar el tiempo, para motivarla a hacer algo y para adquirir el conocimiento que ella necesita.

Las decisiones relacionadas con la salud y el cuidado del cuerpo pueden ser complicadas y confusas. Existe una abundancia de información que a veces parece ser contradictoria, y que a todas nos hace querer comer una barra de chocolate y olvidarnos de todo el asunto. Pero tus oraciones tendrán un efecto positivo en la habilidad de tu esposa para escuchar la voz de Dios en cuanto a lo que le conviene.

Permíteme nuevamente comparar a tu esposa con un auto. (Es la única analogía que mi esposo entiende, y por lo tanto he aprendido a comunicarme en estos términos.) Tus oraciones ayudarán a tu esposa a valorar su chasis y mantenerlo en buenas condiciones. Las mismas le permitirán a tu esposa ejercitar su motor lo suficiente como para mantenerlo en perfecta condición. La ayudarán a mantenerse motivada para cumplir con el servicio de mantenimiento regular que demanda el manual del auto, sin esperar hasta que se esté destartalando para entonces hacerse un chequeo. Ella no tendrá que pensar: «Soy un auto vejo, y las reparaciones me costarían más de lo que valgo».

En esta área, ella necesita de tu apoyo, pero solo hablar con ella no funcionará. Tú sabes muy bien lo inútil que es salir y gritarle a tu auto cada vez que necesite mantenimiento, y lo mismo sucede con tu esposa. Si ella no está cuidando de su cuerpo como es debido, no es porque no quiera hacerlo sino porque no conoce cuál es la manera correcta de hacerlo o no reconoce que tiene la necesidad de hacerlo, no se valora lo suficiente, está demasiada ocupada, o porque encuentra extremadamente difícil la disciplina en esta área. Ella necesita que le pidas a Dios que la ayude.

Dile que estás orando por ella para tener las fuerzas, el conocimiento, la sabiduría y la motivación de cuidar de su persona. Y que lo estás haciendo porque ella es el regalo más valioso que Dios te otorgó, y no toleras verla enferma. Y si ella es un modelo clásico, con más razón debes orar para que se restaure por completo.

Si tu esposa sufre de algún problema de salud específico, ruega a Dios por su sanidad. Durante los últimos treinta años, mi esposo ha orado por la sanidad de muchas de mis enfermedades. Pero su mejor hora de intercesión ocurrió hace poco tiempo, cuando sentí que algo estalló dentro de mi cuerpo y me doblé a causa de un dolor tan agudo, que estaba segura de morir si un médico no investigaba con prontitud la causa y hacía algo al respecto. Eran las tres de la mañana y Michael era el único que estaba orando por mí, aparte de mi persona que entre débiles gemidos oraba: «Ayúdame, Jesús». En aquel momento dependía completamente de las oraciones de mi esposo para mover la mano de Dios y salvar mi vida. (Al final de este capítulo él les contará más sobre esto.)

Nuestros mejores esfuerzos no nos mantendrán saludables por siempre. Hasta en el mejor de los equipos, derriban al mariscal de campo. Dios sabía esto, y es por eso que envió a Jesús como nuestro Sanador. Ruega, entonces, por sanidad a favor de tu esposa. Y no ceses de orar hasta que recibas una respuesta. Cuando de nuestra salud se trata, no podemos darnos el lujo de rendirnos antes de tiempo.

ELLA DICE...

Por favor, ora por tu esposa para que:

1. Dios proteja su cuerpo.
2. Dios proteja su mente y sus emociones.
3. Tenga suficiente energía, fuerza y resistencia.
4. Se motive a cuidar de su persona.
5. Entienda cómo cuidar de su cuerpo.
6. Sea disciplinada.
7. Esté protegida dondequiera que vaya.

ÉL DICE...

Por Michael Omartian

Mi esposa tiene la maravillosa oportunidad de viajar y participar en conferencias de mujeres por todo el país. Estoy dolorosamente consciente de la ansiedad que se apodera de mí al pensar en los viajes en avión, los pueblos y ciudades extrañas que tiene que visitar, los hoteles donde se hospeda, lidiar con la mala alimentación, el cansancio por estar tantas horas de pie y sufrir la ansiedad normal de querer hacerlo todo bien. No tengo otra opción que orar antes de su partida y continuar orando por ella todos los días que esté de viaje. Pero también he aprendido la importancia que tiene orar por su seguridad cuando está en casa.

En ningún otro momento mis oraciones fueron tan urgentes como cuando me desperté a las tres de la mañana por los aterradores gritos de mi esposa. La encontré doblada a causa del dolor. Me dijo que sintió como que algo había estallado dentro de su cuerpo. Casi nunca ella se queja de nada, así que supe que algo terriblemente mal estaba sucediendo. De hecho, la situación era tan urgente, que no podíamos esperar que llegara una ambulancia. Yo temblaba mientras trataba de encontrar sus zapatos y un abrigo para ponerle encima de su pijamas. Nuestra hija Amanda, y yo, ayudamos a Stormie que seguía doblada del dolor al sentarse en el auto, y a toda velocidad me dirigí por la autopista hacia el hospital de emergencias. No podía hacer nada para consolarla. El dolor que sentía era atroz.

Comencé a entonar cánticos de sanidad y a orar con fervor para que la atendieran inmediatamente. Cuando llegamos, corrí hacia la sala de admisiones de emergencia y gracia a Dios allí se encontraba una enfermera que corrió hacia el auto arrastrando una silla de ruedas. Con rapidez llevó a Stormie al cuarto de exámenes y después de varias pruebas, llegó un medico cirujano y de inmediato la llevaron al quirófano.

Oré por ella continuamente, rogándole a Dios que la mantuviera con vida. Llamé a otros para que también oraran, y ellos a su vez llamaron a otros más. Cuando terminó la operación y el cirujano salió a verme, me dijo que la apéndice se le había reventado y estuvo peligrosamente cerca de la muerte. El cirujano se vio obligado a tomar medidas extremas para salvar su vida, lo cual significaba que la recuperación sería larga y muy difícil. Pero no importaba. Ella estaba viva.

Yo nunca he experimentado una oración tan ferviente como la de aquella noche. Enfrentarnos a una situación de vida o muerte, le da a la oración intercesora un nuevo significado. Y nunca antes he estado tan consciente del poder y de la importancia de mis constantes oraciones por la protección y la seguridad de mi esposa. Todas las oraciones, que a través de los años hice por su protección, fueron contestadas. ¿Qué hubiera sucedido, en esos momentos, de estar ella fuera de casa, en alguna conferencia o en un avión? Creo que fue por la gracia de Dios y como respuesta a muchas oraciones para su protección que no se encontraba en ninguno de estos lugares.

ORACIÓN DE PODER

Señor, te pido que rodees a (nombre de la esposa) con tu mano de protección. Protégela de todo accidente, enfermedad o influencia maligna. Protégela mientras viaja en auto, avión o dondequiera que se encuentre. Aléjala de todo peligro.

Señor, en tu Palabra dices que aunque «Acecha el impío al justo, y procura matarlo. Jehová no lo dejará en sus manos» (Salmo 37:32,33). Protege a mi esposa de los planes de gente maligna. Te pido que al pasar por aguas profundas, tú la acompañes, y que cuando pase por los ríos, estos no la ahoguen. Que cuando pase por el fuego, no se queme, ni la llama arda en ella (Isaías 43:2). Te ruego que (nombre de la esposa) encuentre su refugio «en la sombra de tus alas ... hasta que pasen los quebrantos» (Salmo 57:1).

Señor, te pido que ayudes a (nombre de la esposa) ver que ciertamente su cuerpo es tu morada. Permítele ser disciplinada en el cuidado de su cuerpo, y enséñala a decidir correctamente lo que come. Dale la motivación para ejercitarse con regularidad para que desarrolle resistencia. Ayúdala a descansar como es debido de modo que se sienta completamente rejuvenecida cuando despierte. Que te reconozca en todos sus caminos, incluyendo el cuidado de su cuerpo, para que puedas enderezar sus veredas.

No permitas que prospere ningún arma forjada en contra de mi esposa (Isaías 54:17). Mantenla en todo momento bajo la sombra de tu protección, y líbrala de la mano del enemigo, para que ningún mal se acerque a ella. Envía tus ángeles cerca de ella para que la guarden en todos sus caminos (Salmo 91:11). A mi esposa le digo que «Con sus plumas [Dios] te cubrirá, y debajo de sus alas estarás segura; escudo y adarga es su verdad. No temerás el terror nocturno, ni saeta que vuele de día, ni pestilencia que ande en oscuridad, ni mortandad que en medio del día destruya. Caerán a tu lado mil, y diez mil a tu diestra; mas a ti no llegará» (Salmo 91:4-7).

Gracias, Señor, porque en este día cubrirás a (nombre de la esposa) y la ayudarás a acostarse en paz, y asimismo dormir; porque solo tú, Jehová, la haces vivir confiada (Salmo 4:8).

HERRAMIENTAS DE PODER

Jehová, roca mía y castillo mío, y mi libertador;
Dios mío, fortaleza mía, en él confiaré; mi escudo,
y la fuerza de mi salvación, mi alto refugio.
Salmo 18:2,3

Porque has puesto a Jehová, que es mi esperanza,
al Altísimo por tu habitación, no te sobrevendrá mal,
ni plaga tocará tu morada. Pues a sus ángeles mandará
acerca de ti, que te guarden en todos tus caminos.
En la manos te llevarán, para que tu pie
no tropiece en piedra.
Salmo 91:9-12

Mas yo haré venir sanidad para ti,
y sanaré tus heridas.
Jeremías 30:17

¿O ignoráis que vuestro cuerpo es templo del Espíritu
Santo, el cual está en vosotros, el cual tenéis de Dios,
y que no sois vuestros? Porque habéis sido comprados
por precio; glorificad, pues, a Dios en vuestro cuerpo
y en vuestro espíritu, los cuales son de Dios.
1 Corintios 6:19,20

Y la oración de fe salvará al enfermo,
y el Señor lo levantará.
Santiago 5:15

Capítulo Dieciséis

SUS
Deseos

La última persona con quien jamás deseaba casarme era un hombre adicto al fútbol norteamericano, que pasara las noches y fines de semana sentado en un sofá escuchando todo los canales deportivos. Es por eso que una de las cosas que más me atrajo de Michael, cuando éramos novios, fue que dijo no tener el más mínimo interés en los deportes transmitidos por televisión. Así que para mí fue una gran sorpresa, luego de varios años de casados, que Michael no solo comenzara a interesarse en los deportes, sino que se obsesionara con ellos. Comenzó a vestirse con camisetas de los Osos y gorros de los Cachorros (ambos equipos de Chicago). Gritaba frente al televisor hasta dejar sordo a quienes lo rodeaban. Me llevó a varios partidos, pero pensé que era ridículo ver a un grupo de hombres adultos caer encima de los otros y pelear por una pelota que ni era redonda. Para mí, los perros calientes que vendían en el estadio eran mucho más interesantes. Me enojé sintiéndome engañada desde antes de la boda.

Una vez que aprendí a orar por mi esposo de la manera que Dios quería que lo hiciera (como lo expliqué en *El poder de la esposa que ora*), Dios me dio una nueva perspectiva respecto a esta situación. Pero, por alguna insondable razón, no le quitó a mi esposo su obsesión por los deportes, tal y como se lo pedí en oración. Por el contrario, Michael y yo hicimos un acuerdo: Yo no miraría con desdén y falta de respeto su ávido interés por el fútbol, si él dejaba de presionarme para que yo fingiera interés en el mismo.

Esta tregua resultó ser tolerable, y el aspecto práctico de la misma fue tratable durante un buen tiempo. Pero Michael no estaba contento con esto y comenzó a orar por mí, a mis espaldas. Pidió que de vez en cuando yo asistiera con él a los juegos de fútbol y que en realidad los disfrutara. Él estaba consciente de que esto era mucho pedirle a Dios, pero después de todo, fue Él quien *dividió* el Mar Rojo.

Por alguna asombrosa razón, un día mis ojos se abrieron repentinamente, pude visualizar un panorama del juego y lo fascinante que este era. La emoción de un pase completo. La gran desilusión si derribaban al mariscal de campo. El fascinante arte de precisión en el trabajo de equipo. El gozo de una jugada inesperada que el otro equipo no está preparado para detener. Ahora, nunca me pierdo un juego y los perros calientes no me interesan para nada.

¿Tienes un interés en particular que te gustaría disfrutar junto a tu esposa? Ora para que ella desarrolle tal interés. Obviamente, nada es imposible para Dios. Él hasta puede abrir los ojos de tu esposa a las emociones y maravillas de tu pasatiempo favorito. Todo lo que ella necesita es un poquito de oración. Pero hay mucho más por lo cual orar, además de los intereses y las actividades. Hay sueños y deseos por los cuales debes orar también.

Todo el mundo tiene sueños. Algunos de ellos proceden de nuestra carne, pero muchos los puso Dios en nuestro corazón. Es de vital importancia que conozcas cuál es cuál, porque es miserable confundir nuestros sueños con los de *Él.* Nos llenamos de insatisfacción si perseguimos nuestros sueños y hacemos ídolos de ellos. Y si *no* perseguimos los sueños que Él nos da, nos llenamos de amargura.

No es que Dios no desea que soñemos. Él sí lo desea. Dios dice que no podemos vivir sin un sueño o una visión. Pero no desea que lo dejemos fuera de la ecuación. Y si lo que estamos soñando no proviene de Dios, estaremos siempre frustrados ante el hecho de que nunca se vio realizado. Él desea que rindamos nuestros sueños a Él. Si lo hacemos, parecería que los sueños están completamente muertos. Pero Dios resucitará los que son suyos, y dejará ir los que no lo son.

Sus deseos

Es asombroso cómo durante años podemos vivir en la misma casa con una persona, y nunca conocer los deseos más profundos de su corazón. Y todo porque no preguntamos. A menudo, nuestros sueños y deseos son tan profundos que ni siquiera los verbalizamos. O creemos que la posibilidad de que jamás lleguen a realizarse es tan remota, que perdemos toda esperanza.

Conozco a una mujer cuyos deseos más profundo eran viajar y conocer otros lugares interesantes. Se casó con un hombre que tenía una personalidad muy fuerte y dominante. Era ejecutivo principal de su compañía y los negocios eran su vida, así que se dedicó a ellos sin pensar por un momento cuáles eran los sueños y deseos de ella. No era un mal hombre. En realidad era un buen hombre que nunca investigó cuáles eran los sueños de su esposa. Solo pensaba en los *suyos* y los estaba viviendo.

Su esposa se sentía sola e insatisfecha, sus hijos ya habían crecido y no necesitaban mucho de ella. Así que, a menudo se sentaba sola con revistas de viajes, libros y novelas, mientras soñaba con otra vida. Un día, otro hombre casado miró a sus ojos, y la vio en realidad. Deseaba saber qué pensaba y cuáles eran sus sueños. La relación terminó en una aventura amorosa que casi destruye ambos matrimonios. Cuando todo salió a relucir, el esposo despertó del estupor de indiferencia en que estaba. Determinó salvar su matrimonio y ambos acudieron a un asesor matrimonial cristiano. El esposo reconoció y confesó que había descuidado a su esposa, y comenzó a escuchar atentamente los gemidos de su corazón. Comenzaron a viajar juntos a lugares maravillosos, cumpliendo de esta manera su sueño de toda una vida. Con el tiempo los dos experimentaron completa sanidad en su matrimonio, pero repararlo les costó años de intensa lucha.

Conozco a otra mujer que tiene un gran talento artístico, y soñaba con pintar obras dignas de las galerías más finas. La frustración de no poderlo hacer la hundía a diario. Cuando su sabio esposo le preguntó cuál era el sueño o deseo de su corazón, ella se lo explicó todo. El esposo oró con ella al respecto, y ella entregó su deseo en las manos del Señor. Poco tiempo después él le recomendó que tomara una clase de arte mientras él cuidaba los dos hijos pequeños y esto cambió su vida. Compró utensilios de pintura para ella y sus hijos, y todos los días los tres pintaban juntos. Ser capaz de expresar el don que llevaba dentro de sí y satisfacer su deseo, la liberó de tal manera que le dio a su personalidad un nuevo propósito y energía.

A veces, las respuestas a las frustraciones de la vida son muy sencillas. Tan simple como preguntarle a un ser querido cuál es su sueño, y luego orar para hacerlo realidad o para desvanecerlo de su vida, por medio de la oración. Esposos, si desean tener una esposa feliz y satisfecha, a quien sea un gozo acompañar, pregúntenle si en lo más profundo de su corazón hay un deseo que anhela satisfacer. Escuchen atentamente mientras ella lo describa, sin emitir juicio, sin condenar ni darle una conferencia de por qué es imposible hacerlo. Entonces ora por ella para que rinda su sueño a los pies del Señor. Cuando sea capaz de rendir su sueño ante Dios, Él le quitará todo el deseo o lo hará realidad, a su manera y en su tiempo. De todas maneras, ella experimentará su paz.

Si el sueño que tu esposa te confesó, procede del Señor y Él abre una puerta, anímala para que la atraviese. Si su sueño no proviene de Dios, Él usará tus oraciones para liberarla y concederle algo mucho mejor y de mayor recompensa. Y las recompensas de una esposa liberada son tales que me lo agradecerás en el futuro.

ELLA DICE...

Por favor, ora por tu esposa para que:

1. Conozca si los sueños que hay en su corazón proceden de Dios.
2. Pueda contarte sus sueños.
3. Sus sueños sean compatibles con los tuyos.
4. Se interese en lo que a ti te interesa.
5. Ambos tengan intereses que puedan compartir juntos.
6. Ella pueda rendir sus sueños a los pies del Señor.
7. Obtenga los deseos de su corazón.

ÉL DICE...

Por Michael Omartian

Oh, no, ella me va a dar esa mirada otra vez, pensé yo. *Esa mirada que dice: «¿Acaso no te cansas de estar sentado frente a ese estúpido televisor viendo fútbol?»* Y por supuesto, mi respuesta era: «Y por qué no, querida. Tú bien sabes que solo soy un hombre de las cavernas cuyos intereses nunca trascienden más allá de los pasatiempos de un cavernícola». Yo toleraba la mirada, sintiendo que la posibilidad de que ella jamás aprobara esta «pérdida de tiempo», y mucho menos que participara de la misma, estaba más allá del ámbito de toda probabilidad. ¡Ahora pienso diferente!

Solo requirió una sencilla oración, y quiero decir *sencilla*, para reemplazar veintisiete años desaprobando el fútbol con un entusiasmo que nunca creí posible y que en este momento ¡no estoy seguro de querer! Ahora Stormie es fanática hasta el máximo de los Titanes de Tennessee. Tiene las sudaderas, camisetas y gorras del equipo, y hasta grita cuando la acción aumenta. Además habla con gran entusiasmo de sus jugadores favoritos en el equipo. Es posible que hasta en algún momento yo me haya sentido amenazado con este tipo de entusiasmo, pero ahora estoy demasiado cansado para pelear. Y además, es divertido acudir a los partidos junto a mi entusiasta esposa. Otra asombrosa respuesta a la oración. ¿Quién lo hubiera creído posible?

También he orado respecto a su sueño de ver que los libros que escribió lleguen a todo el mundo. Hasta el momento se han traducido en once idiomas. Y como ella dice, esto traspasó los sueños más fantásticos. Solo Dios pudo hacerlo. Y yo sé que tuve parte en esto, porque oré.

ORACIÓN DE **PODER**

Señor, te pido que en este día toques a (<u>nombre de la esposa</u>) y satisfagas sus deseos más profundos. Ayúdala a rendir sus sueños ante ti, para que puedas darle vida a los que depositaste en su corazón. Te ruego que nunca se empeñe en hacer realidad un sueño que sea de su propia creación, uno que tú no bendigas. Ayúdala a rendir sus planes para que puedas revelarle el tuyo. Sé que en tu plan, el tiempo es todo. Que en tu tiempo perfecto, ella logre sus sueños más preciados.

Señor, te ruego que en medio de todo lo que mi esposa tiene que hacer, encuentre un tiempo para hacer lo que más disfrute. Ayúdame a entender cuáles son sus intereses. También te pido que hagas posible la oportunidad de participar juntos en (<u>menciona una actividad o interés específico que te gustaría que realizaran juntos</u>). Ayúdala a entender cuánto disfruto de esto, y que también ella desarrolle aprecio por la misma. Muéstrame cómo animarla en esta área. Dame palabras sin matices negativos que sirvan para inspirarla. Si esta no es una actividad apropiada para nosotros, muéstranos una que lo sea. Te pido que tengamos intereses en común para disfrutarlos juntos.

Señor, te pido que no nos des sueños que no sean compatibles. Oro para que los deseos de nuestros corazones estén perfectamente entrelazados. Que no solo nos involucremos en nuestros sueños particulares, sino en el del otro también. Ayúdanos a confesarnos siempre los anhelos más profundos de nuestro corazón.

HERRAMIENTAS DE PODER

Deléitate asimismo en Jehová, y él te concederá
las peticiones de tu corazón.
Salmo 37:4

Cumplirá el deseo de los que le temen; oirá asimismo
el clamor de ellos, y los salvará.
Salmo 145:19

Sin profecía (visión) el pueblo se desenfrena (perece).
Proverbios 29:18

Abres tu mano, y colmas de bendición
a todo ser viviente.
Salmo 145:16

Entonces claman a Jehová en su angustia, y los libra
de sus aflicciones. Cambia la tempestad en sosiego,
y se apaciguan sus ondas. Luego se alegran, porque se
apaciguaron; y así los guía al puerto que deseaban.
Salmo 107:28-30

Capítulo Diecisiete

SU
TRABAJO

D e acuerdo con la Biblia, la mujer perfecta es una ardua tra-
bajadora. Esta mujer crea, administra y provee. Compra y
vende propiedades (¿una agente de bienes raíces?). Siembra un
huerto (¿una jardinera?). Confecciona vestidos (¿una costurera?). Y
los vende (¿una comerciante detallista?). Es una mujer con fuerzas,
energía y visión que trabaja hasta tarde en la noche y sabe que lo
que tiene para ofrecer es bueno. En medio de todo, cuida de su familia, da a los pobres y hace que su esposo esté orgulloso de ella.
Él es bendecido por la excelencia de todo lo que ella hace (Proverbios 31). Si esto es a lo que aspira tu esposa, va a necesitar de tu ayuda. Francamente, estoy exhausta de solo leerlo.

Todas las mujeres trabajan. Pero algunas mujeres reciben más
aprecio que otras por lo que hacen. Muchas esposas trabajan porque desean contribuir financieramente a las necesidades de la familia. Muchas trabajan simplemente porque disfrutan lo que hacen. Otra poseen habilidades que son valiosas para ciertas personas
que están dispuestas a pagar por las mismas. Para muchas mujeres, administrar el hogar y criar a sus hijos *es* su trabajo. Y esto lo
toman muy en serio, y desean hacerlo bien. Para otras mujeres, las
oportunidades de ministerio o las actividades voluntarias son su
trabajo. No importa cuáles sean los detalles particulares del trabajo
de tu esposa, si esto la ayuda a mejorar la vida de ella, de su familia o
de otra persona, la hace sentirse realizada y le da satisfacción por los
logros alcanzados. Pero ella necesita de tus oraciones y apoyo.

No vaciles en estimular a tu esposa para que llegue a ser todo
lo que pueda en su trabajo. Esto no significa que no tendrá necesidad de ti cuando tenga éxito. De hecho, es todo lo contrario. Hará

que te necesite mucho más que antes. Si apoyas a tu mujer en oración, no exhibirá una actitud arrogante y engreída cuando comiencen a llegar las bendiciones. Ella no va a pensar: «Observa lo maravillosa que soy. No necesito de él. Puedo hacer las cosas mejor sin él». Así es como piensan las mujeres que están casadas con esposos que *nunca* las animan ni las apoyan en oración. Tu esposa nunca llegará hasta el punto de ser tan completa en sí misma, que no te necesite. Su éxito nunca va a socavar tu posición en su vida. Más bien la elevará. Tus oraciones tendrán un significado tan importante en su vida que se convertirá en «adicta» a ellas. Recuerda que, ustedes dos son uno, y lo que a ella le sucede te sucede a ti. Nunca debes sentirte amenazado por su éxito.

Debido a que mi esposo es un productor en el mundo de la música, hemos conocido muchas mujeres que lograron obtener un éxito fenomenal. Aquellas parejas que fueron capaces de percibir tal éxito, como una bendición de Dios para los dos, son las que lograron lidiar mejor con esto. Los esposos que resienten el éxito alcanzado por su esposa, destruyen el matrimonio. Limitar el potencial de una mujer, la destruirá. Y es por esta razón que sus logros se deben cubrir en oración.

Al igual que el hombre, la mujer también necesita tener un sentido de realización. Sin embargo, si un hombre no lo experimenta, se siente como un fracasado. Si una mujer no lo experimenta, se siente frustrada e insatisfecha. Y esto, a su vez, afectará todas las demás áreas de su vida, especialmente la relación con su esposo. Una mujer cuyo trabajo es criar a sus hijos y administrar con éxito su hogar, también necesita un sentido de realización y el reconocimiento de haber hecho un buen trabajo. A diferencia de las mujeres que trabajan fuera del hogar, su esposo es la única persona de quien en realidad puede escuchar palabras de aliento. Es por eso que las oraciones por ella son tan importantes. Engendran aliento.

No importa qué tipo de trabajo tu esposa desempeñe, ella necesita de tus oraciones y estímulo, así como la dirección y las bendiciones de Dios. Ora para que pueda encontrar el equilibrio perfecto entre la confianza en sus habilidades y la total dependencia en Dios que le permita hacer todo lo que necesita hacer.

ELLA DICE…

Por favor, ora por tu esposa para que:

1. Glorifique a Dios en su trabajo.
2. Haga bien su trabajo.
3. La respeten por el trabajo que desempeña.
4. Sea bien remunerada por el trabajo que desempeña.
5. Tenga las fuerzas para cumplir con su trabajo.
6. Tú apruebes su trabajo.
7. Su trabajo la haga sentirse satisfecha.

ÉL DICE…

Por Michael Omartian

Recuerdo que al principio de nuestro matrimonio, y durante los años cuando estábamos criando a nuestros hijos, Stormie expresó el deseo de escribir libros. Ella había escrito los versos para muchas canciones y con frecuencia fuimos colaboradores. Se sentía cómoda escribiendo canciones ya que esto solo requería un compromiso de tiempo relativamente breve, pero estaba convencida de que sacrificar tiempo para escribir un libro representaría estar lejos durante el desarrollo de nuestros hijos, y no estaba dispuesta a hacer tal cosa. Su actitud me impresionó grandemente. Comencé a orar para que recibiera una bendición de Dios mucho mayor de lo que pudiera imaginar, por su fidelidad hacia nuestros hijos durante sus años de infancia.

El Salmo 37:4 dice: «Deléitate asimismo en Jehová, y él te concederá las peticiones de tu corazón». Mi esposa halló deleite en el cumplimiento de las responsabilidades que Dios le había dado. Mi oración era que ella tuviera fuerzas y paciencia. Cuando nuestros hijos crecieron y ella tuvo más tiempo disponible, Dios le concedió el deseo de su corazón de escribir libros. Por supuesto, mis oraciones la guiaron en cada momento. Ahora ella es la autora de muchos libros de gran éxito, y Dios bendijo su trabajo porque ella dependió de Él en cada paso que dio a lo largo del camino.

ORACIÓN
DE **PODER**

Señor, Te ruego que ayudes a (nombre de la esposa) para que tenga éxito en su trabajo. No importa cuál sea su trabajo en un momento dado, consolídalo y ayúdala a hallar gracia. Te doy gracias por las habilidades, dones y creatividad que en ella has depositado. Continúa revelando, desarrollando y refinando sus dones y talentos, y úsalos para tus propósitos. Que sus destrezas aumenten en valor, y que ella pueda sobresalir en cada una de ellas. Abre puertas que ningún hombre pueda cerrar, y bendícela con gran éxito.

No permitas que caigamos en una competencia el uno con el otro, y ayúdanos a regocijarnos siempre en los logros del otro. Ayúdanos a edificarnos mutuamente y a nunca olvidar que pertenecemos a un mismo equipo. Si lo que ella está haciendo no está en tu perfecta voluntad, muéstrale cuál es tu voluntad. Mantenla alejada de todo orgullo, para que el enemigo no la haga caer. Muéstrame cómo puedo animarla.

Señor, dice tu Palabra que cuando rendimos nuestro trabajo ante tus pies, las bendiciones financieras que recibiremos no vendrán acompañadas de tristeza (Proverbios 10:22). Tú también dices que «digno es el obrero de su salario» (1 Timoteo 5:18). Te pido que (nombre de la esposa) sea debidamente recompensada por sus labores, y que como familia seamos bendecidos, y que podamos bendecir también a otros. Dale el don del trabajo que ella ama, y confirma la obra de sus manos (Salmo 90:17). Permite que logre hacer grandes cosas para que tu nombre se glorifique.

HERRAMIENTAS DE PODER

Sea la luz de Jehová nuestro Dios sobre nosotros,
y la obra de nuestra manos confirma sobre nosotros;
sí, la obra de nuestras manos confirma.
Salmo 90:17

La obra del justo es para vida.
Proverbios 10:16

Nunca se apartará de tu boca este libro de la ley,
sino que de día y de noche meditarás en él, para que guardes
y hagas conforme a todo lo que en él está escrito; porque
entonces harás prosperar tu camino,
y todo te saldrá bien.
Josué 1:8

La mano negligente empobrece;
mas la mano de los diligentes enriquece.
Proverbios 10:4

En toda labor hay fruto; mas las vanas
palabras de los labios empobrecen.
Proverbios 14:23

Capítulo Dieciocho

SU
LIBERACIÓN

Imagínate estar navegando en un bote de velas, en un día soleado, hermoso y despejado. Una suave brisa sopla sobre tu rostro acariciando las velas. El agua permanece calmada mientras navegas en plena paz. Sientes que el mar, que ante ti se expande, te inunda de vida. Sientes que se filtra por tus poros y penetra hasta lo más profundo de tu ser. Disfrutas de un renovado sentir de que la vida es buena. Puedes relajarte y disfrutar el momento, mientras navegas hacia tu destino.

La navegación libre de preocupaciones solo ocurre cuando se hace correctamente. Las velas tienen que colocarse de manera perfecta para que reciban el viento y la embarcación se desplace hacia el frente. Si no reciben el viento como es debido, inesperadamente el bote se sacudirá y terminarás navegando en círculos, visitarás el mismo territorio una y otra vez sin que en realidad llegues a ninguna parte. O peor aun, podrías perder el control y zozobrar.

Esto también sucede así en nuestras vidas. Si no estamos bien ubicados en nuestra relación con el Señor, nunca podremos atrapar el viento de Su Espíritu que nos permite navegar en contra de la marea de nuestras limitaciones y circunstancias, para arribar a nuestro destino. Seguimos regresando a los mismos lugares de antes, y nunca nos liberamos. Y el viaje podría tornarse violento y desagradable. A veces perdemos el control y sentimos que nos estamos hundiendo, pero si nos movemos con el Espíritu de Dios, nunca viajaremos a la deriva. Él nos mueve y nos impulsa hacia el lugar donde debemos estar.

El problema es que no podemos movernos hacia el lugar donde debemos estar, si en el pasado echamos nuestra ancla al mar. Si fue algo que ocurrió hace treinta años o fue tan reciente como ayer, el pasado puede mantenernos anclados en el mismo lugar donde nos encontramos, si es que no decidimos subir el ancla. Dios quiere que naveguemos con plena libertad, que dejemos atrás todos aquellos lugares rotos y que lleguemos a ser personas libres y saludables. Esto es especialmente importante en un matrimonio, porque es allí donde a diario se levanta frente a nosotros el espejo de nuestras vidas. Momento tras momento vemos de qué estamos hecho, bueno o malo. Mientras más sanos estemos como individuos, mejor será nuestro matrimonio. Pero si no procuramos que el fresco viento del Espíritu de Dios nos lleve, nunca llegaremos a ese lugar de completa sanidad, liberación y paz.

Alejándonos de las heridas del pasado

No importa cuál sea el pasado de tu esposa, a menos que se haya podido desprender de él, nunca podrá vivir con éxito en el presente, ni trascender hacia el futuro que Dios tiene para ella. Cualquiera que sea la herida que tu esposa trajo a tu matrimonio, afectará el presente y el futuro de una vida juntos. Podría ser algo que una persona le dijo o le hizo, o el trauma de cosas que le sucedieron o algo que ella misma hizo. No importa lo que sea, si le impide tener paz en cuanto al pasado, el presente o el futuro de su vida, entonces tiene que liberarse de eso. Y para hacerlo, ella va a necesitar de tus oraciones.

Después que escribí el libro titulado *Stormie*, acerca de la devastación de mi vida y el camino que tomé para encontrar una recuperación total en el Señor, recibí innumerables cartas de hombres casados con mujeres de las cuales abusaron o hirieron emocionalmente durante su niñez. En cada caso, la mujer parecía estar bien cuando se casó con su esposo, pero después del matrimonio, se desmoronó. El esposo se sintió inútil ante la depresión y el trastorno por el que estaba atravesando su esposa, y no sabía cómo ayudarla. Su desequilibrio emocional era demasiado confuso para él. No se sentía capaz de enfrentar el asunto, ni aunque lograra descifrar qué le estaba sucediendo. Reconoció que le era imposible identificarse con lo que su esposa estaba experimentando. Esto es lo que le aconsejé a cada uno de estos hombres:

«A causa del amor que sientes por tu esposa, y el hecho de que te comprometiste con ella en matrimonio, le brindaste un refugio seguro». Escribí yo. «Tu amor tangible representa el amor de Dios. Ahora ella se siente lo suficientemente amada y segura como para enfrentar los temibles asuntos de su pasado, y para permitir que se expongan a la luz de la sanidad ante la presencia y el poder de Dios, y por fin liberarse del pasado. Ella se siente lo suficientemente segura como para romperse en pedazos, para que entonces el Señor la restaure otra vez. Lo que desea de ti es saber si vas a permanecer firme a su lado dándole el apoyo que necesita, aunque no entiendas cabalmente lo que está sintiendo o por lo que está atravesando. Ella necesita que la cubras con tus oraciones, ya que esto "quebrará las fuerzas" del enemigo y le ofrecerá un refugio donde sentirse segura mientras sana».

La necesidad de perdonar

Nunca podremos alejarnos de nuestro pasado, y navegar suavemente hacia el futuro que Dios tiene para nosotros, sin antes haber perdonado. Y esto es así porque por lo general es la gente quien causa nuestras heridas mayores. Si en el pasado de tu esposa existen relaciones negativas (en especial de antiguos novios, o un ex esposo), ora para que ella se libere de los efectos que le dejaron y para que por consecuencia no traiga a la vida, que ahora llevan juntos, ningún fantasma del pasado. Estos fantasmas podrían presentarse en los momentos de mayor intimidad con tu esposa, sin que tú si quieras sepas lo que está sucediendo. Tú no quieres estar probando constantemente que no eres igual a la persona con quien tu esposa tuvo una mala experiencia antes de conocerte.

Otra área importante de sanidad por la cual debes orar es la relación de tu esposa con su padre terrenal. La manera en que él la trató afectará cómo se relaciona ella con Dios y contigo. ¿Era él un hombre de firmes convicciones que la apoyaba? ¿La abandonó o abusó de ella? Si tuvo un padre que la agredió sexualmente y la maltrató, o de alguna manera la hizo sentir mal consigo misma, le resultará difícil confiar en ti. No es que no desee hacerlo, sino que el hombre que *debió* protegerla y amarla no lo hizo. Si ella dudó del amor de su padre terrenal, es posible que dude del amor de su Padre celestial, lo cual la hará dudar del tuyo también. Es en este punto donde tus oraciones podrían marcar la gran diferencia.

Existen también sucesos traumáticos que afectan a una mujer de manera tan profunda, que necesitaría de mucha oración para librarse de dichos recuerdos. Por ejemplo, en cierta ocasión fui testigo de un terrible accidente automovilístico en el que un hombre murió desangrado. Yo no presencié el accidente, pero pasé por el lugar inmediatamente después de ocurrido, me detuve para ayudar y llamé a las autoridades desde mi teléfono celular. El hombre estaba solo y atrapado en su auto y mientras oraba por él, vi cómo la vida se le escapaba antes de llegar la ambulancia. Este fue un hecho tan traumático para mí, que luego pasé varios días con pesadillas. Por fin mi esposo tuvo que orar para que yo recibiera liberación de las garras de tal recuerdo y entonces desaparecieron las pesadillas.

Encontrar libertad

Todos necesitamos liberarnos de cualquier cosa que nos esté atando. Podría ser enojo, resentimiento, amargura o depresión. Es asombroso la cantidad de mujeres que luchan con la depresión. Pero Dios no desea que las mujeres luchen con ninguna de estas cosas. Él quiere librarlas. Por ejemplo, si a tu esposa la atormenta la depresión, necesita que estés a su lado en oración hasta que reciba la liberación, no importa el tiempo que tome.

La lucha que muchas mujeres tienen con la comida es un problema profundo e inquietante, uno que requiere liberación. Ellas necesitan con desesperación que sus esposos intercedan hasta que obtengan la victoria en este tormentoso asunto.

Lo maravilloso de orar por la liberación que tu esposa necesita es que no tienes que tener todas las respuestas. De todas maneras, ella no espera que así sea. Y tú no tienes que entenderlo todo. Tal vez ni ella misma entiende qué le está sucediendo. Pero Dios lo entiende todo y tiene todas las respuestas; entonces encárgaselo a Él. Tu esposa solo quiere saber que vas a continuar amándola y apoyándola, aunque veas lo que ella guarda en su interior.

Si tienes una esposa que necesita mucha liberación y sanidad, quizás estés pensando: «No está en mí lidiar con todos los problemas de mi esposa. Lo único que quiero es navegar apaciblemente y ella está alborotando las aguas». Pues por eso es que los polos opuestos se atraen, para complementarse mutuamente. ¿Acaso tienes idea de lo aburrido que sería tener que vivir con alguien que sea igual a ti? ¿Dónde estaría la chispa? ¿Donde estaría el reto? Serías capaz de predecir cada una de las palabras de tu esposa, cada una de sus acciones, porque sería exactamente lo que tú dirías o harías.

Nunca olvidaré una ocasión en que estuve involucrada en un seminario en el cual el anfitrión y la anfitriona nos dividieron en grupos de acuerdo con los diferentes rasgos de la personalidad. Los extrovertidos que necesitaban ser el centro de atención, estaban juntos. Las personas sensibles y profundamente consideradas estaban juntos en otro grupo, y así sucesivamente. Fue una experiencia miserable. La gente extrovertida constantemente procuraba tomarle la delantera a los demás. Los sensibles y considerados en extremo se deprimían entre sí. Yo estaba desesperada por regresar a un grupo mixto. Ser exactamente igual a los demás es aburrido.

Quizás estés pensando que estarías muy contento si pudieras intercambiar todas las emociones que experimentas por un poquito de aburrimiento. Y lo comprendo. Cuando los problemas de nuestro cónyuge nos retan, nos desgastan. Así que aunque tu esposa esté atravesando por una etapa bastante difícil que parezca requerir más paciencia de la que tienes disponible, solo recuerda cuán privilegiado eres de ser un instrumento de sanidad de Dios y dale las gracias por permitirte crecer al lado de ella.

El proceso de liberación

La cosa más alarmante que descubrí respecto a estar embarazada fue que desde el momento en que concebí, entró en acción todo un proceso. Y no había manera alguna de yo detenerlo, aparte de hacer algo para terminarlo. Todo estaba completamente fuera de mi control. El proceso iba a continuar, con o sin mi cooperación. Ese sentir de la falta total de control de tu cuerpo es un sentimiento extraño. Así es como a veces se siente el proceso de liberación. El proceso continuará, lo quieras o no. Pero es así porque tú sometiste tu vida al Señor, y Él desea que seas libre. Cuando Dios decide que ya estás listo para seguir el proceso, siembra la semilla y esta se convierte en una fuerza que crece hasta que das a luz la libertad. Y de igual modo que nace un bebé, hay cierta cantidad de dolor que forma parte del proceso de liberación. Pero cuando todo termina, estás feliz de haberlo pasado.

Por lo general, las heridas emocionales y las ataduras se eliminan en capas, de la misma forma en que llegaron al principio. Es por eso que aunque tu esposa quizás tuvo un adelanto en cierta área, es posible que todo regrese con mayor fuerza. Hasta parecerá ser lo mismo otra vez, aunque esta vez peor. Si así sucede, no te intimides ni te desilusiones. No pienses que las cosas están empeorando en vez de mejorar. Esto solo significa que hay nuevas capas de heridas y ataduras que están saliendo a la superficie para sanarse y que Dios está llevando a tu esposa a un nivel de liberación más profundo. Con frecuencia, las capas más profundas son las más dolorosas. Solo aférrate a Dios en medio de la tormenta, y Él te llevará hasta el otro lado sano y salvo.

Igual que cuando uno da a luz un bebé, el peor dolor viene justo antes de la liberación más grande de nuestra vida. Las cosas se hacen más difíciles antes que la mayor de las bendiciones esté a punto de llegar. Pero el tiempo de Dios es perfecto. Si las mujeres fuésemos capaces de dar a luz cada vez que lo deseamos, tendríamos el bebé en algún momento del segundo mes, cuando por lo general comienzan las náuseas. Pero el bebé no podría sobrevivir porque nacería prematuro. Lo mismo es cierto con el proceso de liberación. Tenemos que ofrecer las mejores de las condiciones posibles, tenemos que darle tiempo y no debemos hacer nada para ponerle fin una vez que el proceso haya comenzado.

Solo Dios tiene la clase de amor que puede calmar las tormentas en nuestras vidas. Solo Él puede elevar y establecer nuestras velas, para dirigirnos en la dirección correcta. Ora para que tu esposa pueda levantar el ancla de su pasado, y permitir que la brisa fresca y calmada del Espíritu Santo la lleve navegando suavemente hasta el lugar donde necesita llegar.

ELLA DICE...

Por favor, ora por tu esposa para que:

1. Encuentre liberación y libertad en el Señor.
2. Nada la separe de todo lo que Dios tiene para ella.
3. Disfrute plena sanidad mental y emocional.
4. Pueda dejar atrás, por completo, el pasado.
5. Perdone a todos los que tenga que perdonar.
6. Siempre la ames y la apoyes en oración.
7. Su vida sea un testimonio del poder sanador de Dios.

ÉL DICE...

Por Neil Anderson

Neil es presidente de Freedom in Christ Ministries *[Ministerios libertad en Cristo] y autor de* Victoria *sobre la oscuridad y* Rompiendo las cadenas. *Él y Joanne, su esposa, llevan treinta y tres años de matrimonio, y tienen dos hijos y dos nietos.*

En la primavera de 1986, mi esposa se operó de un ojo para reemplazar un lente que estaba defectuoso. Debía ser una intervención de rutina, pero Joanne no respondió adecuadamente a la anestesia y sufrió de una fobia que durante quince meses le causó una severa depresión. Los médicos no pudieron hacer nada para reducir los síntomas. Y en medio de todo esto, me vi atrapado en un conflicto de funciones bastante significativo. ¿Era yo su pastor, su discipulador o su asesor (como fui para muchas personas)? ¿O era su esposo? Reconocí que solo podía ser esto último. Me encontraba en una situación que no podía arreglar ni controlar.

Durante esta prueba perdimos todo lo que poseíamos. Nos quedamos sin nada, y por primera vez pude entender que si Dios es lo único que tengo, entonces Dios es lo único que necesito. Mi ministerio consistía en abrazar a Joanne cada día y decirle: «Esto también pasará». Y todo pasó, a través de la oración y la humilde dependencia en Dios. El Señor me llevó hasta el final de *mis* recursos para que yo descubriera los *Suyos*. Dios es el único que puede sanar al quebrantado de corazón y dejar libre al cautivo. De este período de quebrantamiento, nació *Freedon in Christ Ministries*. Y nuestro matrimonio se fortaleció grandemente.

ORACIÓN
DE *PODER*

Señor, te ruego que liberes a (nombre de la esposa) de cualquier cosa que la tenga atada. Dale libertad de cualquier recuerdo del pasado que tenga el poder de controlarla o atraparla en sus garras. Ayúdala a perdonar a cualquier persona que la haya herido para que la falta de perdón no la mantenga cautiva.

Dale libertad a (nombre de la esposa) de lo que le impida llegar a ser todo aquello para lo cual la creaste. Protégela de todos los planes del enemigo para que no pueda estorbar la liberación y la sanidad que deseas traer a su vida. Restaura todo lo que le robaron hasta que no le falte ninguna cosa buena. Sé que en tu presencia hay sanidad y salud. Ayúdala a vivir en tu presencia para que se sane por completo.

Señor, sé que «aunque andamos en la carne, no militamos según la carne; porque las armas de nuestra milicia no son carnales, sino poderosas en Dios para la destrucción de fortalezas» (2 Corintios 10:3,4). En el nombre de Jesús destruyo cualquier fortaleza que el enemigo haya levantado alrededor de (nombre de la esposa). Específicamente te pido que mi esposa se libere de (escribe el área específica en la que tu esposa necesita liberación). Libérala de esto en el nombre de Jesús. Te pido que por amor a ella no descanses, «hasta que salga como resplandor su justicia, y su salvación se encienda como una antorcha» (Isaías 62:1). Permite que delante de ella se cambien «las tinieblas en luz, y lo escabroso en llanura» (Isaías 42:16). Tú dices en tu Palabra que «el que camina en sabiduría será librado» (Proverbios 28:26). Te pido que ella ande en sabiduría y que encuentre plena liberación. Muéstrame cómo amarla y apoyarla durante el proceso.

HERRAMIENTAS DE PODER

No os acordéis de las cosas pasadas, ni traigáis a memoria
las cosas antiguas. He aquí que yo hago cosa nueva; pronto
saldrá a luz; ¿no la conoceréis? Otra vez abriré camino
en el desierto, y ríos en la soledad.
Isaías 43:18,19

Y el Señor me librará de toda obra mala, y me preservará
para su reino celestial. A él sea gloria
por los siglos de los siglos.
2 Timoteo 4:18

Si en verdad le habéis oído, y habéis sido por
él enseñado, conforme a la verdad que está en Jesús.
En cuanto a la pasada manera de vivir, despojaos del viejo
hombre, que está viciado conforme a los deseos engañosos,
y renovaos en el espíritu de vuestra mente,
y vestíos del nuevo hombre, creado según Dios
en la justicia y santidad de la verdad.
Efesios 4:21-24

De modo que si alguno está en Cristo,
nueva criatura es; las cosas viejas pasaron;
he aquí todas son hechas nuevas.
2 Corintios 5:17

Olvidando ciertamente lo que queda atrás,
y extendiéndome a lo que está delante, prosigo a
la meta, al premio del supremo llamamiento
de Dios en Cristo Jesús.
Filipenses 3:13,14

Capítulo Diecinueve

SU
OBEDIENCIA

Un año, como regalo de Navidad, mi esposo me compró un juego de palos de golf junto con una serie de lecciones. Tomé las lecciones, y aprendí lo frustrante que era tratar de pegarle a una pelota que por ser tan pequeña era casi imposible hallar en una parcela de hierba mala. Y me pregunté por qué razón un grupo de hombres maduros invierten tantas horas, cada semana, haciendo eso mismo. Así me sentía, hasta que un día fui al campo de golf, coloqué mi pelota en el primer hoyo, tomé el palo firmemente entre mis manos, le eché una ojeada al campo, bajé la vista hacia donde estaba la diminuta pelota y cumplí con todos los movimientos que aprendí para pegarle. Cuando la cabeza de mi palo le pegó directamente al centro de la pelota, se dejó escuchar un glorioso sonido. Nunca antes escuché algo parecido, excepto por el sonido del bate de Sammy Sosa bateando un cuadrangular en el Estadio Wrigley. Le pegué tal y como tenía que hacerlo, y la pelota voló a lo largo del campo por 170 yardas. En ese mismo instante entendí por qué razón los hombres pasan tanto tiempo en el campo de golf. Quieren escuchar ese sonido. Quieren experimentar cómo se sienten al hacerlo debidamente.

Así sucede con la obediencia. Experimentas algo maravilloso cuando sabes que obedeciste a Dios y a Él le agradó. Es ver que la vida funciona, si haces las cosas de acuerdo con la voluntad de Dios y de una manera correcta. Ese sentir te incita a regresar y a continuar tratando con mayor empeño, porque deseas hacer todo lo posible con tal de volver a experimentarlo.

Lo más grande que sentimos, cuando obedecemos a Dios, es un sentido profundo de su presencia. Y esto es así porque existe una conexión entre la obediencia y nuestra experiencia de la presencia de Dios. Jesús dijo: «El que me ama, mi palabra guardará; y mi Padre le amará, y vendremos a él, y haremos morada con él» (Juan 14:23). Él se manifiesta a los que le aman y le obedecen. Con mucha frecuencia sacrificamos la *plenitud* de su presencia que opera en nuestras vidas por causa de la desobediencia. Tu esposa anhela sentir regularmente la plenitud de la presencia de Dios. Ella desea experimentar la emocionante sensación del placer de Dios cuando lo obedece. Ella necesita que ores para que constantemente sea capaz de vivir en la voluntad de Dios.

No importa cuál juego estés jugando, siempre hay consecuencias y penalidades si no juegas de acuerdo con las reglas. Una de las consecuencias de la desobediencia es no recibir respuesta a nuestras oraciones (Proverbios 28:9, Salmo 66:18). No deseas que tu esposa descuide algunas de las reglas y que sus oraciones no sean contestadas. Ora para que los ojos de su entendimiento se iluminen de modo que entienda con claridad las reglas del juego.

Una de la maneras más comunes en que las mujeres desobedecen es a través de la manera de hablar. La Biblia es muy clara en este tema:

❖ No debemos apresurarnos al hablar. «¿Has visto hombre ligero en sus palabras? Más esperanza hay del necio que de él» (Proverbios 29:20).

❖ No debemos decir todo lo que sentimos, cuando lo sintamos. «El necio da rienda suelta a toda su ira, mas el sabio al fin la sosiega» (Proverbios 29:11).

❖ Nuestras palabras pueden destruir a las personas. «La muerte y la vida están en poder de la lengua, y el que la ama comerá de sus frutos» (Proverbios 18:21).

❖ El tiempo lo es todo. «El corazón del justo piensa para responder; mas la boca de los impíos derrama malas cosas» (Proverbios 15:28).

A la mayoría de las mujeres les agrada hablar. Eso es porque casi cualquier mujer está inundada de pensamientos, sentimientos, emociones, revelaciones, intuiciones, heridas y alegrías; y siente que si no los comparte con alguien podría estallar. De la abundancia de su corazón habla su boca, y algunas mujeres tienen más abundancia que otras.

La comunicación es el gozo más grande de una mujer. También puede ser una de sus mayores virtudes. Por medio de su conversación se forman alianzas, se sanan las emociones, se imparte el conocimiento, se restauran las relaciones, se descubren los misterios y se resuelven los problemas mundiales. A ella le gusta hablar y expresarse. Muéstrame una mujer que no hable, y te mostraré una mujer que nunca en su vida tuvo personas que escucharan lo que tenía que decir.

Y toda mujer está muy al tanto del poder de sus palabras y del efecto perdurable que estas pueden tener (después de todo, una esposa recuerda lo que su esposo dijo años atrás, aunque él lo olvidó treinta segundos después de decirlo). Ella agoniza pensando en palabras que dijo, si cree que con estas hirió a alguien. Si dice algo que se interpretó de una manera diferente a lo que fue su intención, o si le habla con dureza a sus hijos o a una amiga, siente un profundo remordimiento. Por eso las mujeres pidieron que específicamente oren por ellas en esta área. Tu esposa necesita de tus oraciones, para que Dios cree en ella un corazón limpio y que le dé palabras que edifiquen y produzcan vida. Ella necesita el discernimiento de Dios respecto a lo que debe decir y cuándo decirlo. Y necesita reconocer cuándo es el momento de permanecer en silencio.

Ninguna mujer quiere estar quejándose a cada momento, pero en su deseo por darles una buena vida a su esposo, a sus hijos, a sí misma y a los demás, a veces ve cosas que están mal y trata de cambiarlas con sus palabras. Si alguna vez encuentras que tu esposa te repite las mismas cosas una y otra vez como resultado de la frustración que siente en su corazón, ora con ella al respecto. Le dará paz saber que entiendes su preocupación lo suficientemente bien como para expresarlo en una oración. Y se sentirá descansada al saber que se lo entregaste a Dios. Es probable que hasta deje de hablar sobre el tema.

Hablar palabras que producen vida es una de las *muchas* áreas de la obediencia. Tu esposa desea que ores pidiendo que ella sea capaz de salir bien en *todas*. Ella desea llegar a tal punto en su andar con Dios, que pueda pegarles con certeza a las pelotas que hay en el gran campo que es su vida. Es posible que en el primer intento no siempre haga caer la pelota en el hoyo, pero por lo menos no se verá atrapada en esas embarazosas trampas de arena. Ora para que ella pueda escuchar ese maravillosos sonido de la voz de Dios diciéndole: «Bien hecho, buen siervo y fiel».

ELLA DICE...

Por favor, ora por tu esposa para que:

1. Obedezca a Dios de todo corazón.
2. Entienda lo que Dios requiere de ella.
3. Escoja vivir en la voluntad de Dios.
4. El Espíritu Santo controle sus acciones.
5. Sus palabras siempre edifiquen y produzcan vida.
6. Dios la ayude a obedecerlo.
7. Complazca a Dios obedeciéndolo.

ÉL DICE...

Por Michael Omartian

Mi esposa anhela obedecer a Dios. Pero no siempre es fácil. A veces hay que tomar decisiones y no sabe con certeza lo que Dios quiere que haga. Ella me pide que ore para poder escuchar la voz de Dios y recibir dirección en cuanto al camino que debe andar. Yo también oro pidiendo que ella tenga fuerzas para mantenerse firme y sin vacilar respecto a otros asuntos que ya sabe cómo debe obedecer. Ruego que el Espíritu Santo la dirija en todas las cosas para que la obediencia ocurra con naturalidad.

Su obediencia

En una ocasión en particular percibí que Dios nos estaba dirigiendo a mudarnos hacia otro estado. Mi esposa no sentía tal dirección y me lo dijo. Yo entendí que si esto era lo que Dios quería que hiciéramos, Él tendría que hablarle a ella tan claro como me habló a mí. Supe que sería mejor dedicarme a orar para que ella lo escuchara de Dios, en vez de forzar el asunto. Y así fue como oré. Y una tarde, varias semanas después, ella sintió con claridad que Dios le indicaba que debíamos mudarnos.

Dios es claro al enseñarnos que nuestra obediencia a Él es vitalmente importante para nuestra salud espiritual. Él dice que es mejor que cualquier sacrificio. Una de las cosas de mayor consuelo en mi matrimonio es saber que mi esposa anda en obediencia ante Dios. Con tal obediencia se establece la paz, no solo para mi esposa, sino que toda la familia siente un gran bienestar. Yo sé que esto también inspira a nuestros hijos a andar en obediencia al Señor. Dios puede hablar profundamente a cada una de nuestras vidas, y darnos un sentido de propósito cuando buscamos de Él y andamos en obediencia respecto a lo que Él desea. Oro por mi esposa para que rechace cualquier cosa que le impida obedecer a Dios. No solo quiero orar que así sea en su vida, sino que también quiero ser un vivo ejemplo ante ella.

ORACIÓN DE PODER

Señor, te ruego que le permitas a (nombre de la esposa) vivir en completa obediencia a tus leyes y caminos. Ayúdala a ver los pensamientos y acciones que no estén en común acuerdo con las directrices sobre cómo debe vivir. Ayúdala a escuchar tus instrucciones, y dale el deseo de hacer lo que le pides. Hazle recordar que confiese pronto cualquier error, y permítele tomar los pasos de obediencia necesarios.

Sé que una de las consecuencias de no vivir en obediencia a tus caminos es sentir distanciamiento de tu persona. Impide que mi esposa haga algo que la separe de la plenitud de tu presencia y de tu amor. Muéstrale dónde no está viviendo en obediencia, y ayúdala a hacer lo sea necesario hacer. Tu Palabra dice: «El que guarda el mandamiento guarda su alma» (Proverbios 19:16). Bendice su mente, sus emociones y su voluntad a medida que toma los pasos de la obediencia. Dale la confianza que proviene de saber que te ha obedecido.

Señor, tú dices «de la abundancia del corazón habla la boca» (Mateo 12:34). En este día llena el corazón de mi esposa con tu amor, paz y gozo, de manera que sobreabunde en sus palabras. Que tu Espíritu controle su lengua para que todo lo que diga produzca vida. Ayúdala a decir como David: «He resuelto que mi boca no haga transgresión» (Salmo 17:3).

Señor, tu Palabra dice: «No quitará el bien a los que andan en integridad» (Salmo 84:11). Te ruego que mi esposa ande en integridad y que derrames tus bendiciones sobre ella. Bendícela especialmente con paz y una larga vida como dice tu Palabra (Proverbios 3:1,2). Te pido en este día que mi esposa ande ante ti en obediencia y que la recompenses con abundancia de cosas buenas. Que los dichos de su boca y la meditación de su corazón sean gratos delante de ti, oh Jehová, nuestra roca y redentor (Salmo 19:14).

HERRAMIENTAS DE PODER

Hijo mío, no te olvides de mi ley, y tu corazón guarde
mis mandamientos; porque largura de días y años
de vida y paz te aumentarán. Nunca se aparten de ti
la misericordia y la verdad; átalas a tu cuello,
escríbelas en la tabla de tu corazón.
Proverbios 3:1-3

Abre su boca con sabiduría,
y la ley de clemencia está en su lengua.
Proverbios 31:26

El que guarda su boca guarda su alma;
mas el que mucho abre sus labios tendrá calamidad.
Proverbios 13:3

Mas la senda de los justos es como la luz de la aurora,
que va en aumento hasta que el día es perfecto.
Proverbios 4:18

Mujer virtuosa, ¿quién la hallará? Porque su estima
sobrepasa largamente a la de las piedras preciosas.
Proverbios 31:10

Capítulo Veinte

SU
FUTURO

Yo solía estar al tanto de la bolsa de valores para ver cuáles compañías estaban prosperando y cuáles no. «Mira eso», me decía a mí misma. «Si hubiera comprado acciones en esta compañía, ahora tendría muchísimo dinero». Era bastante diestra seleccionando compañías en las cuales invertir, pero como nunca invertía ni un solo centavo, nunca ganaba dinero. Solo comencé a recibir buenos dividendos, cuando decidí aprender cómo invertir algo.

Lo mismo sucede con nuestro futuro. Cuando hacemos inversiones con sabiduría, recibimos grandes dividendos. Sin embargo, a diferencia de la bolsa de valores, aunque *no* invertimos nada sí podemos tener pérdidas. Y tales pérdidas podrían ser devastadoras.

Orar es la manera más provechosa de invertir en el futuro. De esta manera nunca pierdes. Dios promete que nos dará un futuro y una buena razón para albergar esperanzas, pero tenemos que orar al respecto (Jeremías 29:11). Tus oraciones por el futuro de tu esposa son una inversión que garantizan una cosecha de beneficios por el resto de sus vidas como pareja.

Las mujeres podemos desarrollar grandes temores sobre el futuro. Y probablemente se debe a que en muchas ocasiones nos sentimos demasiado vulnerables. Los temores más comunes de una mujer sobre el futuro tienen que ver con la pérdida de un hijo, enfermarse gravemente o quedar incapacitada, perder a su esposo, estar sola, no poder defenderse en contra de un agresor, carecer de todo propósito o relevancia, no ser atractiva, no poder mantenerse a sí misma o no ser necesaria. Si sus temores llegan hasta el punto de temer que no tiene un futuro que valga la pena, podría comenzar a sentirse confundida, abrumada y desesperada.

Solo la verdad de lo que Dios dice respecto a quién es ella, y por qué está aquí, podrá librarla de tal condición.

Dios dice que tu esposa es su hija (Juan 1:12) y que ella nunca estará sola (Mateo 28:20) ni desamparada (Hebreos 13:5). Ella siempre será amada (Juan 15:9), y vivirá una vida victoriosa (Romanos 8:37). Y todo lo que suceda en su vida obrará para bien (Romanos 8:28). Ora para que tu esposa crea que todo lo que Dios dice sobre su futuro es cierto.

Cuando tu esposa está en el ministerio

Tener una esposa en el ministerio es algo que requiere mucha oración de tu parte. Esto significa que si tu esposa está sirviendo al Señor por medio de la enseñanza, impacta, o de alguna manera habla a la vida y los corazones de la gente necesitada, es crucial que ella esté cubierta por tus oraciones. Ya sea que esté cantando frente a miles de personas, enseñando la Palabra a cinco niños durante la Escuela Dominical o esté en la esquina hablando sobre el Señor con el anciano vecino, ella necesita de tus oraciones. Ya sea que todo el mundo a lo largo del país la conozca, o que su ministerio sea con una sola persona a la vez, y tú seas la única persona que sabe el verdadero alcance de lo que está haciendo para el Reino de Dios, ella necesita de tus oraciones. Sin estas, será blanco fácil de un enemigo que desea destruirla. Mientras más poderosamente el Señor la esté usando, mayores serán los planes de Satanás para destruirla. Nunca subestimes la importancia de tus oraciones a favor de tu esposa. Dios las escuchará y salvarán su vida y asegurarán su futuro.

Si *tú* estás en el ministerio, tu esposa podría ser blanco del enemigo solo por estar a tu lado ayudándote a desempeñar la obra a la que Dios te llamó. El diablo intentará destruirte a *ti*, destruyéndola a *ella*. Muéstrame un hombre casado que esté desempeñando la obra de Dios con poder, y te mostraré una esposa que probablemente ha sido atacada por el enemigo de alguna manera. Si tú y tu esposa trabajan *juntos* en el ministerio, eso representa una amenaza mucho mayor de lo que el mundo de las tinieblas está dispuesto a tolerar. El enemigo hará uso de todos sus recursos con tal de destruirlos a ambos. Estén preparados orando diariamente el uno por el otro, y pidiendo a otros creyentes fuertes que también oren por ustedes.

La sabiduría para llegar al futuro

Una de las cosas más importantes que tu esposa necesita para el futuro es la sabiduría para saber llegar allá. La vida puede descontrolarse con bastante rapidez, y cuando no tenemos la sabiduría y revelación de Dios, podemos apartarnos del camino. Tu esposa necesita sabiduría con las finanzas, sabiduría para distinguir entre la verdad y las mentiras, sabiduría para saber cuándo alguien es digno de confianza, sabiduría para estar en el lugar adecuado en el momento adecuado. La mujer perfecta en la Biblia disfrutaba de mucha sabiduría, pero tal sabiduría no se adquiere sin oración (Proverbios 31:26).

La mayoría de las decisiones que una mujer hace a través del día, se hacen con bastante rapidez. Ella necesita tener la sabiduría del Señor para tomar bien esas decisiones. «Y si alguno de vosotros tiene falta de sabiduría, pídala a Dios, el cual da a todos abundantemente y sin reproche, y le será dada» (Santiago 1:5). Si le pides a Dios sabiduría, discernimiento y entendimiento a favor de tu esposa, ella recibirá el conocimiento de Dios. Tal conocimiento la ayudará a ver quién es ella en el Señor. La sabiduría la guiará hacia el lugar donde necesita llegar. ¿Qué otra cosa necesita ella para el futuro?

Si tienes la sabiduría, el discernimiento, el entendimiento y el conocimiento de Dios, no tienes que preocuparte por el futuro. Yo solía desesperarme por el mío porque lo único que podía ver eran la circunstancias del momento. Pero cierto día el pastor Jack Hayford me dijo: «No permitas que el lugar donde estás se convierta en una profecía del lugar donde te vas a quedar».

¿No te parece fabuloso? Si en este momento tu vida no está de acuerdo con lo que deseas, eso no significa que así será siempre.

Nosotras las mujeres tenemos la tendencia de temer que las cosas nunca van a cambiar.

El pastor Jack también dijo: «No juzgues tu futuro según las personas que en el día de hoy están apostando a que no tienes un futuro».

No tenemos que preocuparnos por cualquier terrible predicción que alguien emitió sobre nuestro futuro. No tenemos que preocuparnos por lo que el periódico, la bolsa de valores, el vecino, el compañero de trabajo o la tía Margarita hayan dicho sobre nuestro futuro. Solo tenemos que saber qué dice *Dios* sobre nuestro futuro.

Dios dice que necesitamos tener una visión. Así que debemos pedirsela a Él. Pero recibir una visión de Dios sobre nuestro futuro no significa que Él nos va a revelar cada detalle de lo que está por delante. Él solo promete revelarse a nuestras vidas cuando lo busquemos. Y eso es así porque Él no desea que conozcamos el futuro, sino que lo conozcamos a Él. *Dios* es nuestro futuro. Cuando lo conocemos, Él nos guía al futuro que tiene reservado para nosotros.

Por lo tanto, orar para que tu esposa tenga una visión de lo que debe ser su vida no significa que va a saber todo lo que viene. Solamente significa que ella va a estar consciente de que tiene un futuro, y que es un *buen* futuro. Y eso es suficiente.

El futuro es tan incierto, que aunque todo marche bien, no podemos enorgullecernos al respecto. En un instante todo puede cambiar, y entonces nuestras vidas cambiarán para siempre. Y esto es así porque el enemigo nunca cesa de hacer planes para nuestro futuro. Constantemente tenemos que estar velando en oración para asegurarnos de que nuestro futuro está bien protegido en las manos de *Dios* y que Su plan prevalecerá.

Cuando ores por el futuro de tu esposa, recuerda que también es *tu* futuro. Tu futuro no es independiente del de ella, ni el de ella está separado del tuyo. Ambos están entretejidos. Esta es la razón por lo cual las oraciones que elevas a favor de tu esposa tienen la garantía de que rendirán beneficios que te harán sentirte seguro por el resto de tu vida. Si continúas invirtiendo en el futuro de tu esposa por medio de tus oraciones, te garantizo que sus vidas serán enriquecidas con bendiciones de parte de Dios.

ELLA DICE...

Por favor, ora por tu esposa para que:

1. No le tema al futuro.
2. Ejerza sabiduría en todas las cosas.
3. Tenga visión y esperanza para el futuro.
4. Pueda tomar decisiones rápidas con sabiduría.
5. No escuche las mentiras del enemigo sobre su futuro.
6. Produzca fruto hasta la vejez.
7. Su futuro sea seguro.

ÉL DICE...

Por Eddie L. Long

El Obispo Long es pastor titular de New Birth Missionary Baptist Church [Iglesia Bautista Misionera Nuevo Nacimiento] *en Lithonia, Georgia. Él y Vanessa, su esposa, llevan once años de matrimonio y tienen cuatro hijos.*

A mi esposa la consideran como madre de muchos, nuestra iglesia tenía 22,000 miembros la última vez que los contamos. Ella es una mujer versada, educada, bondadosa, recatada y una dama que es temerosa de Dios y que evita ser el centro de atención. Pero el destino de Vanessa está atado al mío, y porque es mi esposa, en muchas ocasiones tiene que ocupar el primer lugar en la tribuna donde todos se fijan en ella. Ella posee la habilidad innata de manejar con gracia cualquier situación, y continuamente oro para que escuche la voz de Dios con claridad y pueda seguir hacia el destino que Él trazó para su vida.

A través de los años he sido testigo de varios cambios en la vida de mi esposa. Ella extendió su mano para buscar solución a los asuntos que afectan a las mujeres de nuestra congregación y a otras que están relacionadas con nuestro ministerio. Ella decidió llegar al corazón de los asuntos que enfrentan las mujeres que están lidiando con los asuntos locales. Creo que la respuesta a mis oraciones, a favor de mi esposa, se perciben a diario mientras ella ayuda a sanar corazones quebrantados y los hogares de aquellos que impacta. Yo creo que sin el poder de la oración, el Ministerio de Mujeres de Corazón a Corazón que ella dirige, no hubiera tocado el corazón de tantas mujeres y cambiado la vida de tantas familias como sucede hoy alrededor del mundo.

No pretendo recibir ningún tipo de crédito por el plan de Dios, ni por las oraciones que elevaron nuestra familia y nuestros amigos, pero yo sé que oro por mi esposa. Como esposo, creo que mis oraciones ayudan a santificarla para que Dios la use. La oración cambia las cosas. La oración produce una medida mayor del poder de Dios. Mucha oración, mucho poder; poca oración, poco poder; ninguna oración, ningún poder.

Sigo orando por mi esposa mientras cosecho los beneficios, porque ella es una bendición para todos los que tienen la buena fortuna de conocerla. Sé que en la medida que Dios continúa magnificándose en su vida, ella continuará creciendo en gloria. Mi esposa es mi gloria, un regalo de Dios. Orar por ella afecta mi vida mientras juntos crecemos en Cristo.

«Amo a Jehová, pues ha oído mi voz y mis súplicas; porque ha inclinado a mí su oído; por tanto, le invocaré en todos mis días» (Salmo 116:1-2).

ORACIÓN DE **PODER**

Señor, te ruego que (nombre de la esposa) tenga plena paz en el pasado, presente y futuro de su vida. Dale una visión para su futuro que la haga estar segura en tus manos. Protégela, a ella y a todos los que ama, de cualquier plan del maligno. Libérala por completo de su pasado para que nada interfiera con el futuro que tienes para ella. Ayúdala a ver su futuro desde tu perspectiva, y que no crea las mentiras del enemigo. Que confíe en tu promesa de que los planes que tienes para ella son buenos y no malignos, para darle un futuro y una esperanza (Jeremías 29:11). Dale la confianza de que el futuro es algo a lo que no le debe temer.

Señor, te pido que le des a (nombre de la esposa) sabiduría en todas las cosas. Cuando tenga que tomar cualquier decisión, te pido que tú, Espíritu Santo, la guíes. Dale sabiduría en su trabajo, en sus viajes, relaciones y finanzas. Bendícela con el discernimiento de distinguir entre la verdad y la mentira. Que disfrute de contentamiento, longevidad, gozo, vitalidad, riquezas y felicidad que de acuerdo con tu Palabra están disponibles para los que encuentran sabiduría (Proverbios 3:16-18). Que también encuentre en ti gracia, descanso, libertad del temor y confianza (Proverbios 3:21-26). Lleva a mi esposa de gloria en gloria y de victoria en victoria mientras aprende a depender de tu sabiduría y no de su propia prudencia.

En cuanto a las decisiones que debemos tomar juntos, danos la sabiduría para que todo lo hagamos en unidad. Te ruego específicamente por (menciona una decisión que ambos deban tomar). Ayúdanos a conocer tu voluntad en este asunto. Te pido que podamos tomar decisiones piadosas y que te agraden.

Te ruego que (nombre de la esposa) sea plantada en tu casa y que florezca en tus atrios. Que el fruto de su vida se pueda apreciar cada año, y que aun en la vejez sean vigorosos y verdes (Salmo 92:13,14). Bendícela con una larga vida, y que cuando llegue al final de ella, no sea ni un solo momento antes del tiempo que escogiste. Que tal transición sea también visitada de paz y gozo, y ausencia de sufrimiento. Que de ella se diga que fue tu luz para el mundo que la rodeaba.

A (<u>nombre de la esposa</u>) le digo en este día: «Estás completa en Él (Colosenses 2:10). Y estoy confiado de que «el que comenzó en vosotros la buena obra, la perfeccionará hasta el día de Jesucristo» (Filipenses 1:6). «Levántate, resplandece; porque ha venido tu luz, y la gloria de Jehová ha nacido sobre ti» (Isaías 60:1).

HERRAMIENTAS DE PODER

Cosas que ojo no vio, ni oído oyó, ni han subido
en corazón de hombre, son las que Dios ha
preparado para los que le aman.
1 Corintios 2:9

Porque ciertamente hay fin,
y tu esperanza no será cortada.
Proverbios 23:18

Guarda la ley y el consejo, y serán vida a tu alma, y gracia a tu cuello. Entonces andarás por tu camino confiadamente, y tu pie no tropezará. Cuando te acuestes, no tendrás temor, sino que te acostarás, y tu sueño será grato. No tendrás temor de pavor repentino, ni de la ruina de los impíos cuando viniere, porque Jehová será tu confianza, y él preservará tu pie de quedar preso.
Proverbios 3:21-26

La casa y las riquezas son herencia de los padres;
mas de Jehová la mujer prudente.
Proverbios 19:14

Porque yo sé los pensamientos que tengo acerca de vosotros,
dice Jehová, pensamientos de paz, y no de mal,
para daros el fin que esperáis.
Jeremías 29:11